AF368169

Muerte y Reencarnación

Según el budismo tibetano

Por Gueshe Tamding Gyatso

Traducido del tibetano por:
Tenzin Wangdak y Mikmar Tsering.

Traducido y adaptado al castellano por:
Isidro Gordi y Marta Moll.

Ediciones *Amara*
Ciutadella de Menorca

Ediciones Amara. Ciutadella de Menorca
Publicado por vez primera en 1997
Segunda edición en 2021
por Ediciones Amara

ISBN: 978-84-95094-79-7
Depósito Legal: ME-406/2021

Contenido

Prefacio de Gueshe Tamding Gyatso
en tibetano

༄༅། །ཇི་སྐད་དུ། རྒྱལ་སྲས་ཆེན་པོ་ཞི་བ་ལྷས་སྤྱོད་འཇུག་ལས། །འགྲོ་བའི་སྡུག་བསྔལ་སྨན་གཅིག་པུ། །བདེ་བ་ཐམས་ཅད་འབྱུང་བའི་གནས། །བསྟན་པ་...ཞེས་གསུངས་པ་ལྟར། ལུས་ཅན་རྣམས་བདེ་བ་འདོད་ཀྱང་བདེ་བས་ཕོངས་ཤིང་། སྡུག་བསྔལ་མི་འདོད་ཀྱང་དབང་མེད་དུ་སྤྱོད་དགོས་པ་འདི་ནི། གཙོ་བོ་རང་གི་སེམས་མ་དུལ་བ་འདི་ཉིད་ལ་ཐུག་པས། དེས་ན་སྟོན་པ་སངས་རྒྱས་ཤཱཀྱ་ཐུབ་པས་གདུལ་བྱའི་ཉོན་མོངས་སེལ་བའི་སྨན་མཆོག ཕན་བདེ་མ་ལུས་པའི་འབྱུང་གནས་ཐེག་པ་ཆེ་ཆུང་གི་གསུང་རབས་ཇི་སྙེད་ཅིག་བཀའ་བསྩལ་པའི་སྙིང་པོ་བསྡུས་ནས། ༡༩༨༥ ལོ་ནས་བཟུང་། ཕྱིན་ནས་འདི་ག་སི་པན། མེ་ཁྱོར་ཁར་ནང་པའི་ཆོས་རྒྱལ་སྤྱི་དང་བྱེ་བྲག་གི་རིམ་པ་བསྟར་ཆགས་སུ་འཆད་སྤེལ་གྱི་སྒོ་ཁུ་སྐྱབ་ཁྲུལ་ཁོངས་ནས། ནང་ཆོས་བོད་དུ་ཇི་ལྟར་དར་རྒྱལ་མདོར་བསྡུས་ཤིག་དང་། རྗེ་ཙོང་ཁ་པ་ཆེན་པོས་ཆ་ཁོ་དབོན་པོར་གདམས་པའི་ལམ་གཙོ་རྣམ་གསུམ་གྱི་སྙིང་དོན་འགྲེལ་བཤད་ཐོག ལས་ཉོན་གྱི་དབང་གིས་སྐྱེ་ཤི་བར་དོ་གསུམ་གཅིག་ནས་གཅིག་ཏུ་བརྒྱུད་དེ་འཁོར་བར་འཁོར་ཚུལ། དེ་བཞིན་ཐེག་ཆེན་ལམ་གྱི་གཞུང་ཤིང་བྱམས་དང་སྙིང་རྗེ་བྱང་ཆུབ་ཀྱི་སེམས་རྒྱུད་ལ་སྐྱེ་བའི་ཐབས་མཆོག རྒྱལ་ཀུན་སྙིང་རྗེའི་རང་གཟུགས་འཕགས་པ་སྤྱན་རས་གཟིགས་ལ་གསོལ་བ་འདེབས་ཤིང་། ཆོས་ཀྱི་སྙིང་པོ་གཟུངས་སྔགས་ཡི་གེ་དྲུག་པའི་སྒོ་ནས་རང་གཞན་གྱི་དོན་དུ་རྒྱལ་སྲས་ཆེན་ཐང་སྟོང་པས་མཛད་པའི་བདག་བསྐྱེད་བསྒོམ་བཟླས་ཀྱི་འགྲེལ་བཤད་བཅས། འདི་གའི་སློབ་བུ་རྣམ་པ་ཡི་སེམས་སྔོ་རོ་ལགས་ནས་སི་པན་ཡུལ་སྐད་ཐོག་ཕབ་བསྒྱུར་བྱས་པ་ད་ལམ་དཔར་འགྲེམས་བྱ་རྒྱུ་ཡིན་འདུག་པས། རྣམ་དཀར་ལེགས་བྱས་ལ་ཡི་རང་དང་བཅས། སྐད་ཡིག་ཁག་ཏུ་བསྒྱུར་བཤད་དང་། དཔར་གྱི་འདུ་འགོད་གང་ཅེར་དཔལ་བ་དང་ལེན་བྱེད་པོ་རྣམས་ལ་ཐུགས་རྗེ་ཆེ་ཞུ་རྒྱུ་ཡིན།

སི་པན་ཡུལ་འདིར་ནང་ཆོས་ལ་དོ་སྣང་དགའ་ཀུས་བྱེད་པོ་རིམ་འཕེལ་འབྱུང་བཞིན་སྐབས། དཔེ་དེབ་འདི་ལྟ་བྱས་དམ་པའི་ཆོས་ཀྱི་སྙིང་དོན་སེམས་རྒྱུད་འདུལ་བའི་ཆ་རྐྱེན་བཟང་པོའི་ཞབས་འདེགས་ཡོང་བའི་རེ་བ་དང་། ཡིད་སྨོན་ཞུ་བཞིན་ཡོད།

གོང་གསལ་འཆད་སྤེལ་སྐབས་སུ་སྐད་ཡིག་ཁག་གསུམ་བརྒྱུད་དགོས་སྐབས་ཀྱིས། བརྡ་དོན་ཇི་བཞིན་འཕྱོད་མེན་སོགས་ཀྱིས་ནོར་འཁྲུལ་བྱུང་སྲིད་དེ་རིགས་ཀློག་པ་པོ་རྣམས་ལ་བཟོད་གསོལ་ཞུ་རྒྱུ་ཡིན།

ཚུལ་འདིར་འབད་པའི་དགེ་བས་མཚོན། རང་གཞན་གྱིས་དུས་གསུམ་དུ་བསགས་པའི་ལེགས་བྱས་ཀྱི་འབྲས་བུར། ཐེག་མཆོག་འཁོར་ལོ་བཞི་ལྡན་གྱི་རིན་བཟང་རིམ་བརྒྱུད་བླ་མེད་རྫོགས་བྱང་སྤུར་དུ་ཐོབ་པའི་རྒྱུ་རུ་བསྔོ་བ་དང་། སྨོན་པའི་མཚམས་སྦྱོར་བཅས། སི་པན། མེ་ཁྱོར་ཁ། དགའ་ལྡན་ཆོས་གླིང་ནས། དགེ་བཤེས་རྟ་མགྲིན་རྒྱ་མཚོས། ༡༩༩༨ ཟླ་ ༤ ཚེས་ ༡༥ ལ་བྲིས།

Tamdin Gyatso

Prefacio de Gueshe Tamding Gyatso

Shantideva en su *Bodhisatvacaryavatara* calificó al Dharma como "la única medicina para el sufrimiento de los seres así como la fuente de toda felicidad". Todos los seres desean felicidad, pero carecen de ella y aunque rechazan el dolor, lo experimentan; todo ello debido a nuestra mente descontrolada. Nuestro maestro, Buda Shakyamuni, dio enseñanzas mahayana e hinayana, que constituyen la medicina suprema para que sus discípulos eliminen los engaños y obtengan beneficio temporal y felicidad duradera.

Desde que empecé en Menorca a explicar las etapas generales y específicas del budismo, he intentado abarcar la esencia de todas las escrituras. Viendo su gran valor las he transmitido, al tiempo que he pretendido practicarlas. El lector encontrará un breve comentario sobre cómo el Dharma de Buda se propagó en el Tíbet y del significado esencial de los *Tres aspectos principales del sendero* que el gran Tsong Khapa transmitió a Tsha-Kho-Bon-Po que explican cómo por el poder del karma y los engaños, el nacimiento, la muerte y el bardo se suceden uno tras otro haciéndonos circular en el samsara. También he explicado la esencia del sendero mahayana, el medio hábil más excelente para desarrollar el amor, la compasión y la bodhichita. He añadido un comentario a la sadhana compuesta por el gran *siddha* Thangtongpa en la que uno hace súplicas a Chenrezig, la personificación de la compasión de todos los budas, y pone en práctica un método para obtener el beneficio propio y el de los demás con la ayuda del mantra de las seis sílabas.

Puesto que en España hay un número cada vez mayor de personas que estiman y respetan el Budadharma ofrezco mis oraciones con el objeto de que este libro sea para ellos un apoyo valioso en su práctica. Ojalá inspire a quienes lo lean a domar su mente y a practicar la esencia del Dharma. Cuando estas enseñanzas fueron impartidas pasaron por tres traducciones y aunque han sido posteriormente revisadas, es posible que se haya filtrado algún error, pido disculpas al lector por este motivo. Hago oraciones de aspiración para que la virtud de nuestros esfuerzos se una a la bondad que los demás han acumulado en los tres tiempos y haga posible que vida tras vida, disfrutemos de este excelente renacimiento humano dotado con los cuatro círculos del mahayana y rápidamente alcancemos la Iluminación insuperable y perfecta.

Agradezco sinceramente a mi antiguo estudiante, Isidro, que haya tomado la virtuosa responsabilidad de traducir, recopilar y publicar este trabajo. Me siento muy feliz por ello. Deseo también hacer extensivo mi agradecimiento a los que han trabajado en la preparación de este libro.

15 de Abril de 1997
Gueshe Tamding Gyatso

Prefacio de S. S. el Dalai Lama

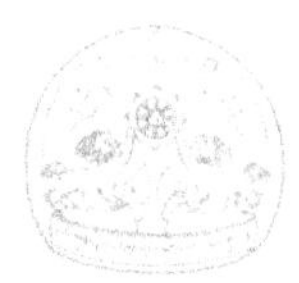

ཨེ་པན་ཁུལ་དོན་གཉེར་ཅན་ཆོའི་འདོད་མོས་ལྟར་དགེ་
བཤེས་ཏ་མགྲིན་རྒྱ་མཚོ་ནས་སངས་རྒྱས་ཀྱི་གསུང་རབ་འགའ་ཞིག་
འཆད་ཁྲིད་བགྱིས་པ་རྣམས་ཨེ་པན་སྐད་ཡིག་ཐོག་དཔར་བསྐྲུན་
བགྱིས་པ་ལེགས།

དཔེ་དེབ་འདི་ལ་བརྟེན་ནས་ཡུལ་དེའི་མི་མང་པོ་ཞིག་
གིས་ཆུལ་བའི་གསུང་གི་བདུད་རྩིའི་རོ་བཅུད་མྱོང་བའི་གོ་སྐབས་
ཐོབ་རྒྱུར་ཡིད་སྨོན་ཆེ། ཞང་མར་འཆམས་འདི་དང༌། འཕྲལ་ཡུན་
བདེ་སྐྱིད་ཀྱིས་འཚོ་བའི་སྨོན་ལམ་བཙས། དུ་ལའི་བླ་མས
༡༩༨༠ ཟླ ༤ ཚེས ༡༠ ལ།།

Es excelente para los españoles interesados en el budismo que se publiquen las enseñanzas impartidas por Gueshe Tamding Gyatso. Este libro proporcionará a mucha gente la oportunidad de saborear el néctar de la doctrina budista. Deseo a todos lo mejor y elevo mis plegarias para que alcancéis la felicidad temporal y última.

Introducción del traductor

Desde que en el año 1987 se instalara en Menorca, el Ven. Gueshe Tamding Gyatso, no ha dejado de instruirnos a los que tenemos la gran fortuna de convivir con él. Como hicieran los gueshes kadampa de antaño, se ha mostrado en todo momento accesible y presto a compartir su infinito conocimiento de las escrituras budistas.

Según me ha comentado en numerosas ocasiones, su deseo desde que llegó a España no ha sido otro que el de impartir textos budistas completos y que sus discípulos profundizaran en ellos. El lector puede atestiguar esta actitud leyendo sus textos publicados hasta el momento: *Cambia tu corazón, transforma tu vida, Senda de luz, El yoga del gurú, La dama del espacio, Joyas del budismo, Más allá del egoísmo*, o los tres volúmenes de *Un tesoro para tu meditación (Bodhisatvacaryavatara)*. No obstante, durante todo este tiempo Gueshela también ha impartido numerosas enseñanzas menores así como charlas informales y conferencias que he ido recopilando con la intención de preparar una sección de budismo introductorio que resulte interesante tanto al profano como al lector más avezado en los conceptos budistas.

De esta manera se ha preparado *Muerte y reencarnación*. Las charlas de donde surgieron los capítulos *Introducción al budismo, Los tres aspectos principales del camino a la Iluminación, Origen del budismo y Transmisión de las enseñanzas,* fueron impartidas por Gueshela en Ciutadella en los años 1990 y 1991 y sirven como introducción general al budismo; sin embargo, el cuerpo central de este libro: *Muerte, bardo y nacimiento,* procede de un curso de fin de semana que impartió Gueshela durante el otoño del 1996, también en Ciutadella. Para completar los puntos que quedaron poco desarrollados por falta de tiempo, utilicé con su permiso mis propias notas del mismo curso que Gueshela había impartido unos años antes en el Templo Zen, *Luz Serena,* de Valencia. Con este libro, el lector tiene acceso a la enseñanza budista general y a los mecanismos que mueven el triple proceso: muerte, bardo y nacimiento por el que todos los seres hemos de pasar repetidamente. He de agradecer el trabajo de Marta Moll, el entusiasmo de Federica Mahieu por su portada y la generosidad de Andy Weber por ceder la representación del mantra de Chenrezig.

Isidro Gordi
Son Gall. Ciutadella de Menorca
5 de Julio de 1997

Introducción al budismo

Antes de empezar cualquier actividad de Dharma, como por ejemplo leer este libro, es muy importante cultivar una buena motivación, porque la raíz de la felicidad y del sufrimiento yace en la mente. Si nuestro estado mental es positivo, producirá resultados positivos; si es negativo, todo tomará este cariz.

El budismo o Dharma de Buda consta de muchas prácticas diversas divididas en hinayana y mahayana. La actitud general hinayana es no perjudicar a los seres conscientes; la actitud mahayana es, además, procurar ayudarles. El objetivo último del practicante hinayana es liberarse del samsara o existencia cíclica; el objetivo último del practicante mahayana es alcanzar la Budeidad. Buda Shakyamuni, tras seguir el camino mahayana, alcanzó la Iluminación y dejó tras de sí un mapa que todos podemos seguir para llegar a sus mismas experiencias.

Aunque *samsara* sea un término extraño para el neófito, podemos decir que se refiere a algo tan próximo como nuestra existencia, siempre salpicada de incertidumbre e insatisfacción, donde tendremos que envejecer, enfermar, morir, volver a nacer vida tras vida y donde las experiencias agradables son poco duraderas. Para poder transformar este estado de las cosas, un budista se refugia en las Tres Joyas: El Buda, el Dharma y la Sangha. El Buda es el guía espiritual, pero el verdadero refugio es el Dharma; la Sangha son todos aquellos que nos ayudan y nos sirven de inspiración a lo largo del sendero.

Para liberarse de la esclavitud, un preso ha de tener aversión hacia ella y un medio para conseguir la libertad. Del mismo modo, para que la práctica de tomar refugio en las Tres Joyas surta efecto, es esencial detestar el sufrimiento del samsara y estar plenamente convencidos de que ellas son el medio para liberarnos. Si no deseamos seguir envueltos en la red del samsara, necesitamos despertar un sentimiento de aversión hacia él y un franco deseo de obtener la Liberación o Nirvana; cuando aunamos estas dos condiciones tenemos lo que se denomina renuncia. No soportar el sufrimiento ajeno es otra causa poderosa que nos impulsa a tomar refugio.

Las ochenta y cuatro mil enseñanzas del Buda se pueden sintetizar en tres ideas básicas: la renuncia, la bodhichita y la sabiduría que comprende la vacuidad. La enseñanza sakyapa denominada *Separarse de los cuatro apegos,* ofrece una explicación de estas tres, animándonos a alejar nuestra mente de:

El apego hacia esta vida
El apego hacia el samsara
El apego hacia los objetivos propios
El apego hacia la visión errónea del aferramiento
 a la existencia esencial o inherente.

El apego hacia esta vida

Si vives apegado a esta vida, no eres un practicante de Dharma, no eres un ser espiritual. Hace muchos años alguien le preguntó a un gueshe kadampa cuál era la diferencia entre un ser espiritual y un ser ordinario. La respuesta del gueshe fue: "Quien se preocupa más de las vidas futuras que de la presente es un ser espiritual y quien solo piensa en las cosas de esta vida, es un ser ordinario". Según los baremos budistas, para valorarnos como seres espirituales es preciso que aspiremos, como mínimo, a un renacimiento superior en nuestra próxima vida. Vivir la espiritualidad plenamente implica dedicar toda nuestra energía al logro del Nirvana y la Iluminación.

El apego hacia el samsara

Mientras sigas apegado hacia las maravillas de la existencia cíclica, no podrás liberarte. La naturaleza de todas estas maravillas es producir insatisfacción y la causa de tal insatisfacción son los engaños mentales y el karma. Para salir del samsara necesitamos renuncia y el apego es su antídoto. Por lo tanto, si consentimos en el fuerte apego que produce el samsara, estamos yendo en contra del logro del Nirvana, que significa "liberación de todo engaño".

El apego hacia los objetivos propios

Si sigues pensando exclusivamente en ti mismo y dedicas tu energía a obtener felicidad solo para ti, sin importarte la de los demás, no tienes la menor posibilidad de alcanzar la Iluminación, que es un estado de plenitud total, superior al Nirvana.

El apego hacia la visión errónea del aferramiento a la existencia esencial o inherente

El aferramiento a la existencia inherente, aferrarse a una entidad sustancial en la persona y en los fenómenos, es la raíz del samsara y consiste en la creencia innata e intelectual en la existencia independiente de las cosas. Si nos aferramos a este profundo engaño y no ponemos esfuerzo para cortar tal actitud, nunca llegaremos a experimentar la naturaleza última de la realidad o vacuidad. Esta experiencia es imprescindible para liberarnos del samsara.

El objetivo de *Separarse de los cuatro apegos* es despertar en el practicante la mente de la renuncia y conseguir la sabiduría que experimenta la vacuidad; con estas dos aptitudes se alcanza el Nirvana y, añadiendo la preciosa intención de la bodhichita, se obtiene la Iluminación. La renuncia es imprescindible, tanto para el practicante hinayana como para el mahayana. Sin generar primero el deseo de liberarnos del samsara, no haremos el esfuerzo necesario para conseguirlo. Esta motivación no es fácil de obtener si estamos apegados a los placeres del samsara y ésta no es una afirmación exagerada; como se decía al principio, el preso solamente podrá luchar por ser libre si ve las desventajas de su situación.

¿Cuál es el origen del samsara? Son nuestros propios engaños mentales y los actos impulsados por ellos: el karma. En última instancia, podemos afirmar que todo karma surge de la ignorancia que se aferra a la existencia esencial pues es responsable de que surja el odio, la ira, el apego, el orgullo, la envidia y tantas otras mentes perjudiciales. Esta ignorancia provoca en todo lo que nos rodea, incluidos nosotros mismos, la cualidad ficticia de la existencia inherente. ¿Cómo podemos cortar con ella? Aplicando su antídoto particular: la sabiduría que comprende la vacuidad. Cuando la ignorancia se enfoca sobre un objeto, lo percibe como si tuviera una existencia propia, pero cuando la sabiduría que comprende la vacuidad se enfoca sobre el mismo objeto, lo entiende como carente de dicho tipo de existencia.

Los defectos profundos de la mente no se pueden desenraizar con la ayuda de agentes externos, como medicinas u otros métodos. Las impurezas de la mente solo las puede limpiar la propia mente y, cuando esto ocurre, el ser deja de pertenecer al samsara.

La práctica de los tres adiestramientos —ética, concentración y sabiduría— desenraiza la ignorancia. Para cortar un árbol hace falta un leñador con un hacha y un brazo fuerte que lo empuñe. El leñador representa la disciplina ética o la voluntad de apartarse de cometer cualquier acto que perjudique a los demás. El brazo fuerte representa la concentración que, en este contexto, se refiere a la capacidad de la mente para permanecer enfocada sobre la vacuidad de los fenómenos, sin distracciones y tanto tiempo como el meditador desee. El hacha es la sabiduría que conoce la vacuidad, la comprensión perfecta y sin error del significado de la ausencia de entidad esencial del yo y los fenómenos.

Si trabajamos con estas prácticas estaremos haciendo un buen uso de nuestro perfecto renacimiento humano. Así evitamos aquella actitud nociva que señaló Shantideva en su *Bodhisatvacaryavatara:*

> Oh Protectores, fijaos en mí, que despreocupado e inconsciente de un terror como éste he acumulado una inmensa cantidad de energía negativa solo para beneficio de esta vida transitoria.

El propósito principal del Buda fue aliviar el sufrimiento de todos los seres y llevarlos a la Liberación y a la Iluminación. Conocemos dos tipos de sufrimientos: el físico y el mental. Para mitigar el primero, la ciencia ha proporcionado avances muy importantes que lo alivian, aunque no siempre. El sufrimiento mental, sin embargo, está siempre presente. La mente es el amo y el cuerpo su sirviente. La mente controla el cuerpo. Es muy importante vincular la materia y el espíritu porque, aunque se ha llegado a niveles altísimos de desarrollo material, el progreso espiritual es mínimo comparativamente. Para este fin, hay que transformar la mente potenciando sus aspectos más positivos y esto es algo que sólo se puede conseguir a través del Dharma.

Para dar paso a una motivación adecuada hemos de pensar así:

> Desde tiempo sin principio estoy renaciendo en samsara y, por tanto, no existe ni un solo ser que no haya sido mi madre en el pasado. Todos ellos, como yo, desean ser felices y apartarse del dolor, pero no saben cómo conseguirlo. ¿Quién debe ayudarles a conseguir sus objetivos? Si no lo hago yo ¿quién lo hará? Sin embargo, a pesar de mis deseos sinceros carezco de la capacidad para hacerlo posible ya que, como ellos, estoy hundido en el samsara.

> ¿Quién puede ayudarles? Un buda. Por esta razón voy a escuchar y leer este texto con el objetivo de alcanzar el estado de un buda para poder ayudar a todos los seres.

Los tres aspectos principales

Los tres aspectos principales del camino a la Iluminación son: la renuncia, la bodhichita y la sabiduría que comprende la vacuidad. Las enseñanzas que siguen son una ampliación del capítulo anterior y están basadas en un texto compuesto por el precioso maestro, Lama Tsong Khapa (1357–1419). Aquí tan sólo presentaré su esencia[1] a fin de que sirva como base para cortar con el ciclo repetitivo de la muerte, el bardo y el renacimiento.

La renuncia

Podríamos definir la renuncia como "el sentimiento de aversión hacia la naturaleza dolorosa del samsara y el anhelo de obtener el Nirvana". Es un estado mental imprescindible, del cual adolecemos actualmente, para llegar a superar el sufrimiento samsárico. No es inteligente desperdiciar el perfecto renacimiento humano persiguiendo sólo placeres mundanos; es mejor esforzarse en conseguir el Nirvana. Pero sin despertar aversión hacia el samsara no se puede alcanzar el Nirvana. Nuestro problema sea, posiblemente, que desconocemos la profundidad del sufrimiento inherente a nuestra condición y no nos esforzamos en absoluto por salir de él. Para darnos cuenta de la naturaleza dolorosa del samsara, el Noble Buda nos aconseja reflexionar y meditar en el sufrimiento tal y como se explica a continuación.

---

1 Ver comentario completo en *Enseñanzas de mi lama,* por Gueshe Tamding Gyatso en www.edicionesamara.com

El sufrimiento del sufrimiento

Samsara en tibetano es *korwa* y significa circular por los seis reinos de existencia; es lo opuesto al Nirvana. Vida tras vida vamos pasando de un reino a otro atrapados como una mosca en un tarro de cristal. Desde el momento en que somos concebidos el cuerpo constituye la base del dolor. ¿Quién crea el dolor? La ignorancia. Por su culpa surgen engaños que nos impulsan a crear acciones que se convierten en semillas productoras de las diversas experiencias dolorosas que vivimos en samsara.

Debido a las limitaciones de nuestra memoria, ahora mismo no podemos recordar ni siquiera cuánto sufrimos en el momento de nacer, aunque fue un dolor muy intenso. Este sufrimiento lo experimentaremos una y otra vez, vida tras vida. Actualmente, quizá nos encontremos bien de salud, pero, en cualquier momento podemos enfermar. Desconocemos el momento de nuestra muerte; algunos mueren jóvenes, otros en plena madurez y otros cuando ya son ancianos; de cualquier modo, la muerte siempre es incierta.

El cuerpo nos exige una constante atención: alimentarlo, vestirlo, cuidarlo, embellecerlo, competir incluso por su habilidad o inteligencia y, todo ello, implica cierta dosis de sacrificio. Nos vemos separados de los seres queridos, no siempre conseguimos lo que anhelamos, hemos de enfrentarnos a nuestros contrarios. Quizá pensamos que un rey es más feliz, pero él también padece: sufre por administrar bien el país, por no poder contentar a sus súbditos, o por temor a ser víctima de un atentado. Tendemos a pensar que las personas poderosas tienen la llave de la felicidad, pero, en general, por más que uno tenga, no llega a sentirse satisfecho; quien tiene mucho sufre y quien no tiene suficiente sufre también.

El hecho es que tras la fachada de "aparente felicidad" el dolor acecha bajo alguna de sus manifestaciones: burda, sutil o muy sutil. Es la naturaleza de nuestra vida. Algunos creen que al morir encontrarán la felicidad eterna en algún lugar inespecífico del cosmos; sin embargo, esta es una idea errónea que puede hacernos perezosos e interferir en nuestro crecimiento espiritual. Si sufrimos en esta vida es por culpa de los engaños mentales y el karma y mientras estas causas persistan seguiremos padeciendo, no sólo en la vida siguiente sino también en las posteriores.

El sufrimiento del cambio

Aunque es cierto que experimentamos bienestar en esta vida, no se trata de una felicidad auténtica. Lo que denominamos felicidad es como una especie de *calmante*; para ser exactos habría que llamarlo *sufrimiento del cambio*, es una experiencia agradable temporal. Cuando tenemos frío nos acercamos a una buena estufa y nos sentimos bien, pero al cabo de un rato empezamos a estar incómodos y a tener calor, de manera que si no hacemos algo al respecto podemos incluso quemarnos, es decir, volvemos a experimentar malestar. Lo que parecía aliviarnos al principio acaba transformándose en sufrimiento. Esa es la verdadera naturaleza de la felicidad temporal: el sufrimiento del cambio.

El sufrimiento que lo impregna todo

Los seres humanos estamos compuestos de cinco agregados: el agregado de la forma es nuestro cuerpo; el agregado de la sensación son nuestras sensaciones agradables, desagradables y neutras; el agregado del discernimiento es la capacidad para distinguir un objeto de otro; el agregado de los factores composicionales incluye factores como la fe, la concentración, la sabiduría, la atención, el odio, el apego, la envidia y muchos otros; el agregado de la consciencia se refiere a las cinco consciencias sensoriales físicas y a la consciencia mental. Nuestros cinco agregados se pueden denominar el sufrimiento que lo impregna todo, porque llevan consigo el poder de hacernos experimentar dolor en cualquier momento. Experimentar sufrimientos concretos o enfermedades graves es un ejemplo del sufrimiento del sufrimiento. Las experiencias agradables son sufrimiento del cambio y el sufrimiento que lo impregna todo es el que abarca a todos los reinos del samsara.

Si meditamos de manera reflexiva en los tres niveles de sufrimiento despertaremos la mente de la renuncia: aversión hacia el samsara y el deseo de liberarnos de él. Con la renuncia abandonamos dos clases de apego:

El apego hacia esta vida.
El apego hacia las vidas futuras.

Lama Tsong Khapa nos aconseja meditar en el perfecto renacimiento humano y en la muerte, así como en las experiencias dolorosas que pueden experimentar los seres en los tres reinos inferiores –animales, espíritus hambrientos y seres infernales– para superar el apego que de manera innata sentimos por las cosas de esta vida. Al superarlo, nuestro interés se centrará en conseguir un renacimiento humano en la vida futura y evitar situaciones peores en la presente. Pero no es suficiente renacer como humano, hemos de conseguir un renacimiento humano perfecto, algo muy difícil porque el número de seres que renace en los reinos superiores del samsara es comparativamente menor al número de ellos que renace en los reinos inferiores.

Buda señaló que los seres que renacen en un reino inferior son innumerables; son tantos como partículas de polvo hay en toda la Tierra. En cambio, los seres que renacen en un reino superior son muy escasos, como las partículas de polvo que pueden caber en la uña de un dedo.

Si no somos capaces de comprender nuestra naturaleza insatisfactoria y dolorosa es porque estamos convencidos de que es posible ser felices en el samsara, y este es el peor de los engaños en el que podemos caer. En mis libros[2] *Senda de luz* o *Cambia tu corazón, transforma tu vida*, se describe con detalle que tener un perfecto renacimiento humano quiere decir estar

---

2 Ver www.edicionesamara.com

libres de ocho esclavitudes y poseer diez dones. De todas estas cualidades las más destacadas son:

Haber nacido en la época del Buda.
Haber encontrado el Dharma puro.
Renacer en una época en que hay maestros que transmitan el mensaje del Buda.
Renacer en una época en que el Dharma florece.
Tener fe en las Tres Cestas.

Hagamos una pausa en nuestra lectura; observemos nuestra vida y preguntémonos sinceramente si tenemos alguna de estas cualidades. En caso positivo, determinémonos a no desaprovechar esta situación; si no las tenemos, procuremos conseguirlas. El fundamento para conseguir un perfecto renacimiento humano es observar una disciplina ética correcta y hacer oraciones basadas en la práctica de las seis perfecciones: generosidad, paciencia, moralidad, esfuerzo, concentración y sabiduría. Como consecuencia de que en vidas anteriores hicimos numerosas oraciones dedicadas a este fin, seguimos una conducta ética y practicamos las seis perfecciones, en esta vida hemos obtenido el perfecto renacimiento humano; nos podemos considerar muy afortunados. Ahora que tenemos tiempo para practicar, debemos aprovecharlo al máximo y sembrar las causas que nos permitan poder llegar al Nirvana o a la Iluminación. Si desperdiciamos el tiempo, vamos a seguir dando vueltas indefinidamente en la prisión del samsara, esclavizados por nuestros carceleros: la ignorancia, el odio y el apego.

Puesto que las causas para obtener un perfecto renacimiento humano no son muy fáciles de crear, debemos sembrar ahora causas nuevas para obtenerlo en el futuro. No sabemos cuánto tiempo nos va a durar el actual; la muerte puede llegar en cualquier momento. No somos conscientes de que a cada instante nos acercamos más a la muerte. Minuto a minuto, hora tras hora, semana tras semana, nos acercamos a ella inexorablemente, y cuando llegue lo tendremos que dejar todo. Ni las personas más cercanas podrán tomar una parte de nuestro sufrimiento.

Cuando superamos el apego hacia esta vida deseamos evitar renacer en los tres reinos inferiores y obtener renacimientos superiores en el futuro –dios, semidiós y humano–; a partir de entonces nos convertimos en un ser de capacidad espiritual inicial; aquí empieza nuestra carrera hacia la Iluminación. Pero no deberíamos darnos por satisfechos solo con obtener un cuerpo humano o ser un dios de larga vida, porque todavía seguiríamos en el samsara. Nos debemos encaminar hacia nuestro único destino: la Iluminación. Si meditamos profundamente en los tres tipos de sufrimiento antes mencionados, abandonaremos el apego hacia las vidas futuras. Meditar en las desventajas del samsara nos ayuda a superar el apego por volver a renacer en él. Cuando en base a este adiestramiento meditativo surge el convencimiento de que la felicidad temporal del samsara es tan hueca como la cáscara vacía del trigo trillado, unido a la aspiración de obtener la Liberación, estaremos en posesión de la renuncia auténtica. Mientras tanto podemos trabajar con la renuncia fabricada o intelectual que consiste en pensar: "La felicidad del samsara no tiene valor, carece de esencia; mi deseo es obtener el Nirvana" y meditar en ella hasta que sea innata.

La bodhichita

Todos los bodhisatvas han elogiado el desarrollo de la bodhichita como la causa principal para llegar a la Iluminación. El Buda alcanzó la Iluminación porque pensaba únicamente en el beneficio de todos los seres conscientes; nosotros permanecemos en el samsara porque solo pensamos en nuestra propia felicidad. Quien genera la bodhichita se convierte en un bodhisatva. La bodhichita es como un elixir alquimista; un bodhisatva ordinario es superior en rango espiritual a un arhat –ser que ya se ha liberado del samsara–, igual que el primogénito de un rey tiene un estatus superior al de un ministro. La bodhichita es la puerta de entrada al mahayana y al tantra. Sin ella, ni siquiera tantras tan elevados como el de Guhyasamaja, proporcionan experiencias espirituales. Aunque no es fácil, la bodhichita genuina nos convierte en bodhisatvas. Para generarla hemos de meditar una y otra vez en la bodhichita artificial o intelectual, que formulada sería:

"Voy a trabajar para llegar al estado de buda en beneficio de todos los seres".

Este pensamiento fabricado conceptualmente debería preceder todas nuestras actividades, tanto si son mundanas como espirituales. El practicante mahayana observa en cada una de sus prácticas el principio y el final; al principio toma refugio en las Tres Joyas y genera la bodhichita, al final dedica los méritos de su actividad para que resulte de beneficio a todos los seres. Quizá pensemos que al dedicar los méritos propios en beneficio de los demás, nos quedamos sin nada. Nada más lejos de la realidad; un agricultor siembra semillas pensando en el fruto que darán y, aunque no se lo plantee como objetivo, obtendrá también las raíces, las hojas y las ramas de la planta. Del mismo modo, la dedicación de los méritos proporciona implícitamente beneficios a quien los dedica.

Arya Tara aconsejó en una ocasión a Atisha buscar las enseñanzas de Serlingpa, quien vivía en lo que actualmente es Indonesia. Siguiendo ese consejo, Atisha llevó a cabo un viaje de trece largos meses hasta encontrarse con quien se convertiría en su gurú principal, Serlingpa. De él recibió enseñanzas sobre la bodhichita durante los doce años que permaneció a su lado y experimentó la preciosa bodhichita. Desde entonces y a pesar de que Atisha había tenido ciento cincuenta y cuatro maestros, siempre consideró a Serlingpa como su gurú principal.

Más tarde, Dromtompa, el discípulo más próximo a Atisha y los gueshes kadampa posteriores, comprendieron que la bodhichita era la práctica más esencial y por este motivo compusieron tantísimos textos de Adiestramiento Mental. Esta es la razón por la que Lama Tsong Khapa (1357–1419) nos aconseja en su *Lam Rim Extenso*, no tan solo leer dichas enseñanzas, sino estudiarlas y ponerlas en práctica.

Una meditación en la bodhichita

Para despertar la bodhichita es necesario meditar con la ayuda de una línea de pensamientos adecuados a este fin. Así conseguiremos que la mente se transforme en una bodhichita fabricada intelectualmente. Familiarizando la mente una y otra vez con este pensamiento conseguiremos que se vuelva innato en nosotros:

> Todos los seres han sido mi madre en vidas pasadas porque mi cuerpo proviene de la unión del semen y el óvulo de mis padres, pero mi mente no viene de ellos, sino de mi mente de la vida previa.
>
> La continuidad de la mente presente viene del pasado; no encontraré su origen porque ha existido en todo momento. Puesto que la mente no tiene principio, puedo deducir que todos los seres han sido mi madre un número incalculable de veces.
>
> Si pienso en mi madre actual, puedo ver claramente su amabilidad. Desde mi nacimiento, me dedicó amor y cuidados; siguió atendiéndome durante la infancia y siempre que la necesito está a mi lado. También todos los seres que me rodean han sido mi madre en el pasado y, por los tanto, igualmente amables.
>
> Si pienso en su dilema me daré cuenta de cuánto sufren actualmente ya que todos están presos en la existencia cíclica. Debido a que carecen de la sabiduría necesaria para distinguir entre lo que se debe adoptar y lo que se debe abandonar crean actos que los condenan a vivir una vez tras otra atrapados en el samsara.
>
> ¿No sería excelente que obtuvieran la felicidad temporal y última, así como sus causas? Cuán maravilloso sería que se liberaran del sufrimiento y de sus causas.

¿Quién tiene la responsabilidad de liberarlos? Si todos han sido mi madre y me han demostrado tanta bondad, debo corresponder esforzándome por liberarlos.

Sin embargo, en estos momentos, no tengo ni el poder ni la capacidad para liberarlos, por ello he de esforzarme en alcanzar la Iluminación para poder separar a todos los seres conscientes del sufrimiento.

La sabiduría que comprende la vacuidad

Todas las prácticas de la doctrina fueron mostradas por el Sabio para lograr la sabiduría, por ello, quienes desean abandonar el dolor deben generarla.

Con esta estrofa, Shantideva empieza el capítulo sobre la sabiduría en su famoso *Bodhisatvacaryavatara*. Significa que el objetivo de todas las enseñanzas es llegar a obtener la sabiduría que comprende la vacuidad, ya que sin este conocimiento no podemos liberarnos del samsara.

Que ahora mismo seamos víctimas de los diferentes sufrimientos del samsara, tiene una razón de ser, una causa, pues el malestar no surge de forma espontánea. Esta causa son los engaños y las acciones kármicas. En cada momento del día creamos actos y, por tanto, karma que puede ser de tres tipos: positivo, negativo e inamovible.

Crear karma positivo produce renacer en los reinos superiores; crear karma negativo produce renacer en los reinos inferiores; crear karma inamovible produce renacer en los reinos de la forma y sin forma. Pero, de cualquier modo, el resultado de nuestras actividades ordinarias es renacer en el samsara. El karma samsárico se puede comparar a una semilla, regada y abonada por los engaños, cuyo fruto es el samsara. Si nuestros actos no estuvieran condicionados por los engaños, no seguiríamos renaciendo en el samsara. Los engaños se clasifican del siguiente modo: hay seis engaños principales de los que se derivan veinte engaños secundarios. Los seis engaños principales son:

El apego.
El enfado/odio.
El orgullo.
La ignorancia.
La duda engañosa.
Las visiones engañosas.

Nuestro engaño principal, el que conocemos como engaño raíz, es la ignorancia, específicamente la ignorancia que se aferra a la existencia inherente, esencial, la que desconoce la realidad de los fenómenos y del yo: es decir aferrarse al yo y a los fenómenos como si tuvieran una existencia fantasmagórica e irreal, una existencia que no depende de causas o condiciones. Esta es la raíz del árbol del samsara y los demás engaños son sus ramas; la función de la sabiduría que comprende la vacuidad es eliminar la ignorancia. La ignorancia aprehende los objetos y las personas como si existieran independientemente, como si tuvieran existencia propia. La sabiduría, en cambio, los percibe faltos de esa existencia propia que la ignorancia les confiere, y percibe su verdadera naturaleza. Percibir los objetos como si fueran inherentes o tuvieran existencia propia es producto de una mente errónea.

Si en la oscuridad alguien confunde una cuerda enrollada con una serpiente, se asustará, pero quien sabe que es una cuerda, no teme. Dos personas han percibido la misma cuerda, pero la han aprehendido o interpretado de manera diferente. Temer una serpiente que no existe ilustra bastante bien nuestra condición en el samsara, es la consecuencia de una mente errónea. Percibir la realidad correctamente es consecuencia de una mente válida. Para comprender la vacuidad hay que esforzarse y familiarizarse con ella durante un tiempo.

Existen cuatro escuelas filosóficas budistas que presentan la vacuidad de forma diferente, y entre ellas destaca la prasangika madhyamika porque su presentación es la más precisa. Lo que sigue es una explicación breve del punto de vista de esta escuela.

Todos los fenómenos son interdependientes, cuando vemos una mesa con nuestros ojos, nos parece que existe independientemente, por sí misma. Aunque parece algo muy concreto y sólido, cuando la analizamos constatamos que las partes que la componen no son la mesa. Solo en base a un conjunto de partes tenemos una mesa. Esto es innegable, la mesa no existe de forma independiente, sino que está compuesta de diferentes partes. En este sentido, la mesa está vacía de existencia inherente. Sobre un conjunto de partes imputamos su existencia y le damos un nombre. Al nivel llamado convencional, imputar un nombre sobre un conjunto de partes es una forma de existencia; pero al nivel último o definitivo la mesa carece de existencia propia.

No hay contradicción alguna entre los dos niveles de existencia señalados: último y convencional. La naturaleza última de la mesa es que está *vacía* de existencia inherente, vacía de ser una mesa que exista por sí misma sin haber sido imputada por el pensamiento ni designada con un nombre. La naturaleza convencional de la mesa es que existe en base al conjunto de sus partes no inherentes. Solo puede existir dependiendo de las partes que la componen, de la persona que unió estas partes y de quien la denomina *mesa*.

Este análisis se puede aplicar a todos los fenómenos. Aparentemente, todo lo que percibimos parece existir de manera independiente, pero *la manera en que aparece es diferente a la manera en que existe realmente*. Aunque todo objeto está vacío de existencia inherente, no significa que el objeto no exista. Existe gracias a la dependencia: una base de imputación o conjunto de partes y un nombre apropiado.

En el caso de alguien llamado José, también tenemos la impresión de que es un ente sólido y concreto que existe independientemente; pero analizando bien, comprobamos que no podemos encontrar a un José inherente ya que es solo un conjunto de partes. Ni su cabeza es José, ni sus manos, ni sus pies o sus dedos... José es el nombre con que designamos al conjunto de sus partes. Aunque busquemos hasta en sus células, no encontraremos a José. Pero, por supuesto, existe a nivel relativo, dependiendo del conjunto de sus cinco agregados, y sobre esta base de imputación podemos válidamente designar el nombre: José.

La presentación de la vacuidad según la escuela prasangika madhyamika nos lleva hacia el camino medio. Aceptamos la existencia convencional, pero vacía de existencia inherente. Esta escuela no niega la existencia de las cosas, niega que existan independientemente o aparte de causas y condiciones. Seguir el camino medio nos evita caer en extremos filosóficos: nihilismo y eternalismo.

Es muy importante que nos esforcemos para lograr una comprensión, aunque sea mínima, del significado de la vacuidad. Lama Tsong Khapa insistió en la importancia de comprender, aunque solo sea de un modo intelectual, objetivos tan altos como la renuncia, la bodhichita y la vacuidad. Con estos tres aspectos principales del camino podremos llegar a la Iluminación, sin ellos, incluso la práctica del tantra se desviste de todo poder.

Origen del budismo

El budismo tiene su origen en Buda Shakyamuni, y un budista es aquel que sigue un Dharma interno. Como Dharma o camino interno podemos entender tomar refugio en las Tres Joyas o practicar los tres aspectos principales explicados: renuncia, bodhichita y vacuidad. Shakyamuni apareció en este mundo hace dos mil quinientos treinta años y a lo largo de su vida llevó a cabo doce actividades auspiciosas. Hasta la edad de veintinueve años vivió como príncipe, a los treinta y cinco años alcanzó la Iluminación bajo el árbol *bodhi* y murió a los ochenta y uno.

La razón que le impulsó a buscar la Iluminación fue su intenso deseo de ayudar a todos los seres conscientes. Se dice que muchas vidas antes, cuando aún era un ser ordinario, ya había despertado la bodhichita y acumulado mérito y sabiduría suficientes para obtener aquel estado dichoso. Pero obtuvo la Iluminación en nuestra era para demostrar que siguiendo sus consejos cualquier ser consciente podía llegar a la Iluminación.

La mejor manera que tiene un buda de ayudar a los demás es dar enseñanzas de Dharma, por este motivo impartió su doctrina por doquier en lo que se denomina "los tres giros de la rueda del Dharma".

Él siempre tenía presente cual era la capacidad mental de quienes le seguían. Por ello, sus primeras enseñanzas las destinó a los discípulos con una capacidad mental inicial y ésta fue la primera vez que hizo girar la rueda del Dharma en Sarnath y lo hizo para mostrar las cuatro nobles verdades. Como consecuencia de esta primera enseñanza, surgieron dos escuelas de principios filosóficos budistas hinayana: la vaibhashika y la sautrantika. El segundo giro de la rueda del Dharma tuvo lugar en la montaña llamada Cima del Buitre, cerca de Rajagriha. Esas enseñanzas iban dirigidas a los discípulos dotados de una capacidad superior y, a partir de ellas, surgió la más elevada de las escuelas de principios filosóficos budistas mahayana: la madhyamaka o camino medio.

El tercer giro de la rueda del Dharma fue en Veshali y de la interpretación de estas enseñanzas, dirigidas a discípulos de una capacidad media, surgió la escuela de principios filosóficos mahayana denominada chitamatra.

La intención última del Buda fue llevar a sus seguidores a las prácticas más elevadas, pero adecuándose a sus diferentes capacidades; las prácticas iniciales sirven de fundamento para progresar en las del nivel medio y así acceder a las superiores. Si el Buda hubiese impartido la enseñanza mahayana a todos por igual, algunos discípulos no las habrían podido entender y quizá habrían llegado a desistir de su práctica.

Transmisión de las enseñanzas

En la época de Buda no había problemas relativos a la interpretación de su doctrina, pues si surgía alguna duda él mismo podía resolverla. Tras su muerte fueron recopiladas todas las enseñanzas para preservar su autenticidad. Fueron los eruditos budistas de la época quienes llevaron a cabo esta tarea con relación a las enseñanzas hinayana. Las enseñanzas mahayana fueron reunidas por los bodhisatvas, Samantabhadra y Manjushri. En los inicios, la enseñanza hinayana se extendió mucho más que la mahayana por resultar más fácil.

Antes del nacimiento de Buda ya existían otras religiones como el hinduismo o el jainismo, pero en aquella época era muy frecuente la discriminación por motivos de casta o sexo. No todo el mundo tenía las mismas oportunidades para practicar la religión. En este sentido, el budismo fue revolucionario porque estaba abierto a todos, fuera cual fuera su posición social, sexo o color de la piel.

Unos cuatrocientos años después de la muerte del Buda aparecieron grandes yoguis como Nagarjuna o Aryadeva y también se fundaron universidades budistas como Nalanda y Vikramashila. En estos lugares la enseñanza no tan solo se fomentó, sino que se conservó de manera impecable mediante el estudio, la contemplación y la meditación. Fue a partir de entonces que floreció el vehículo o camino mahayana.

En el Tíbet, el rey Songtsen Gampo (569–650 D.C) consciente del poder de la enseñanza budista, envió a su ministro

Tonmi Sambhota a la India a estudiar la gramática y el alfabeto de aquel país. Valiéndose de este modelo, inventó un sistema de escritura y compuso ocho tratados de gramática. El rey Songsten Gampo invitó a maestros como Kuamara y Shamkara, de la India, y al nepalí Shilamanju para traducir enseñanzas de sutra y tantra, estableciendo así una vía de desarrollo para la enseñanza budista en el Tíbet.

Esta situación se prolongó hasta el reinado de Trisong Detsen (730–797) quien, decidido a propagar la doctrina, invitó a Shantarakshita y Padmasambhava para este fin. Inspirado por la gran amabilidad y sabiduría de estos dos célebres maestros de la India, el rey entró en la orden budista aumentando así su número de adeptos, muchos de los cuales accedieron a elevados niveles espirituales y algunos, incluso, al estado de la Iluminación.

En aquella época aún no existían en Tíbet las distintas escuelas que hoy conocemos: nyingma, kagyu, sakya y guelug. Pero a partir de estas primeras enseñanzas surgió la que sería conocida como tradición nyingma, o escuela basada en una traducción del Dharma antigua.

El budismo siguió floreciendo hasta la época del rey Trirel Bajen (804–841), en la que fueron traducidos al tibetano una cantidad significativa de textos, prácticamente todo el canon budista. Algunos eruditos tibetanos escribían ya sus propios comentarios y para garantizar su fiabilidad se referían frecuentemente a las enseñanzas de los grandes eruditos de la India budista.

La segunda escuela o tradición de budismo que floreció en Tíbet fue la escuela sakya, de la mano de grandes practicantes como Sachen Kunga Nyingpo, Chogyal Pagpa y otros. El origen del nombre de la escuela Sakya obedece a que su monasterio principal, se hallaba en una montaña conocida con este nombre.

Apareció entonces la escuela kagyupa. En aquella época Marpa el Traductor (1012–1097) viajó en tres ocasiones a la

India y a Nepal para traducir numerosas escrituras. Por entonces había decaído el apoyo oficial a la religión y los reyes ya no sufragaban los gastos de todos estos viajes, pues durante la época del monarca Langdharma (842–) el budismo fue perseguido políticamente llegando casi a desaparecer. Fue en tiempos de Gampopa, (1079–1153) discípulo de Milarepa, que la tradición kagyupa alcanzó su máximo esplendor.

Sin embargo, con el paso de los siglos y a pesar de que en algunos lugares se mantenía un Dharma auténtico, hubo un gran florecimiento de enseñanzas falsas. Este es uno de los episodios más tristes de la historia tibetana, acentuado por el hecho de que muchos falsos gurús de la India llegaron al Tíbet atraídos por su oro. Con sus formas corruptas acerca de la enseñanza tántrica confundieron a muchos practicantes. Yeshe Wo, rey de uno de los condados del Tíbet, consternado por la situación, envió estudiantes a la India para invitar a Atisha, (982–1054), considerado el mayor erudito budista del país vecino. Le apreciaban tanto en su tierra que no fue nada fácil conseguir que viajara al Tíbet. Sin embargo, tras muchos esfuerzos, finalmente accedió. Jang Chub O, sobrino de Yeshe Wo, le rogó que mostrase un Dharma accesible a todos. Deleitado por la sinceridad de su súplica, Atisha compuso *Una Luz para el camino a la Iluminación* que, a pesar de ser un texto muy corto, contenía todos los puntos importantes del sutra y del tantra, y sirvió como fundamento para que su discípulo principal, Dromtompa, fundara una escuela renovada: la kadam. Dicho texto sirvió también para que Lama Tsong Khapa (1357–1419) compusiera el conocido *Lam Rim Chenmo*.

La nueva escuela kadam constituyó la base de las escuelas de nuevo lenguaje: kagyu, sakya y guelug. Ocurrió así porque discípulos directos o indirectos de Atisha fueron quienes enseñaron a los fundadores de dichas escuelas; Sakya Pandita y Marpa, por ejemplo, recibieron enseñanzas de seguidores directos de Atisha. Las enseñanzas de *Lam Rim* –etapas del camino a la Iluminación– que se originaron en el Tíbet gracias a la figura de Atisha, fueron transmitidas a través de los gueshes kadampas hacia las diferentes escuelas directa e ininterrumpidamente.

La práctica kadampa principal consistía en fomentar la bodhichita por medio de dos métodos diferentes: 1) las seis causas y un efecto, y 2) cambiarse por los demás.

La escuela guelugpa es la más reciente de cuantas florecieron en el Tíbet. El linaje kadampa llegó a Lama Tsong Khapa quien, según se asegura en muchos textos, era una emanación de los budas Avalokiteshvara, Manjushri y Vajrapani. Lama Tsong Khapa fundó la escuela guelugpa tras recibir el linaje kadampa en tres formas diferentes de instrucción procedentes de Lhodak Namka Gyatsen y de Dhakor Khenchen Choegyap Sangpo.

La primera forma de instrucción o línea es la shunbawa, que significa tradición escrita. Pasa de Dromtompa a Gueshe Potowa y de éste a Gueshe Sharawa. Se denomina así porque se explica en relación con los textos budistas mayores como *Prajñaparamita* o *Madhyamika*.

La segunda línea, lamrimpa, significa tradición de la experiencia; pasa de Dromtompa a Gueshe Gompawa y de éste a Gueshe Nyusurpa. Esta tradición está especialmente dedicada a los que no pueden estudiar los grandes tratados, pero siguen el Lam Rim.

La tercera línea, mengawa o tradición oral, pasa de Dromtompa a Gueshe Chengawa y de éste a Gueshe Chayulwa. Basaban su tradición en el Lam Rim de Atisha, por un lado, y en las instrucciones orales de los lamas, por el otro.

Aunque Lama Tsong Khapa tuvo lamas de todas las escuelas existentes en Tíbet, tenía una conexión muy especial y directa con Buda Manyushri, quien le instruyó para componer y clarificar textos, especialmente uno que sería vital para el budismo futuro: el *Lam Rim Chenmo*, escrito en el monasterio de Reting. Tsong Khapa fundó además el monasterio de Ganden en la montaña que lleva el mismo nombre, situada a unos sesenta kilómetros de Lhasa, la capital del Tíbet. A partir de entonces, la escuela fundada por Tsong Khapa recibió ese nombre: Ganden o guelugpa y sus actuales seguidores todavía practican lo que practicaban los gueshes kadampa de antaño. Hay dos razones por las que durante su estancia en Ganden, Tsong Khapa compuso muchos comentarios:

1) Clarificar y resaltar los puntos esenciales de la práctica de sutra y tantra.
2) Eliminar enseñanzas erróneas e impuras.

Leer sus textos es como obtener el ojo de la sabiduría. Proporciona luz a los que están ciegos por causa de la ignorancia. Sus discípulos principales fundaron monasterios tan prestigiosos como Sera y Drepung, así como los Colegios Tántricos y Tashi Lungpo.

A través de esta evolución histórica se puede constatar que la enseñanza impartida por Buda Shakyamuni se ha transmitido en Tíbet, mayormente a través del linaje kadampa, iniciado por Atisha y renovado por Lama Tsong Khapa; de él procede directamente hasta la época actual, ininterrumpido y libre de cualquier falta.

Existen muchas religiones y filosofías en todo el mundo y todas ellas explican cómo eliminar el sufrimiento y alcanzar la felicidad. Buda advirtió en los sutras que el propósito específico de su religión era conseguir superar los engaños, sin embargo, insistió en que su palabra no fuera aceptada ciegamente. Cualquier enseñanza se debe examinar con cuidado para ver si es razonable o adecuada a la propia capacidad. Según sus palabras:

> Los monjes y los eruditos deberían evaluar mi enseñanza igual que se analizaría el oro, utilizando técnicas como derretir, refinar y pulir y sólo adoptarlas convencidos, no por mostrarme respeto.

Para poner en práctica este verso hace falta conocer bien las enseñanzas, estudiarlas profundamente, contemplar lo estudiado y meditar en la conclusión. Sin embargo, he de enfatizar la necesidad de procurar recibir enseñanzas de textos completos y no contentarse *únicamente* con hacer cursos de fin de semana. El budismo es muy amplio y llegar a su esencia requiere mucha dedicación.

Muerte, bardo y reencarnación

Como se ha señalado en capítulos previos, desde tiempos sin principio nuestra vida está influenciada por nuestro karma pasado, razón por la cual carecemos de libertad auténtica. Cuando alguna de las muchas semillas kármicas que hemos sembrado en nuestro continuo mental se encuentra con las causas propicias, se produce un resultado: una experiencia cotidiana que puede ser, agradable, desagradable o neutra. El resultado general de los engaños y el karma es seguir renaciendo en samsara. Después de la muerte, el ser pasa por el bardo y vuelve a reencarnarse. Los engaños son como el agua y el calor; la acción o karma es la semilla que se deposita en el campo de la consciencia.

Hay una célebre cita de un maestro kadampa que dice así: "Si quieres ver tu pasado, observa tu cuerpo, y si quieres ver tu futuro, observa tu mente". Si observamos con sinceridad nuestra mente presente sabremos qué tipo de futuro nos aguarda.

Pero para entender la reencarnación es preciso conocer el bardo o estado intermedio y también el proceso de la muerte; una vida empieza a partir de que tiene lugar la concepción.

Aunque ya hemos visto morir a familiares, amigos y un montón de desconocidos, todavía nos aferramos testarudamente al pensamiento: "seguro que no me muero hoy". Este arraigado concepto nos acompaña hasta el mismo día de nuestra muerte y constituye el mayor obstáculo para una práctica sincera de Dharma.

La muerte, el bardo y el nacimiento están interrelacionados. Al morir, el cuerpo es enterrado o incinerado pero la continuidad de la mente origina la vida siguiente. Existen dos tipos de muerte: la natural y la inesperada –la que es producida por desastres naturales, accidentes, suicidio, etc.–.

Si a lo largo de la vida han predominado en nosotros los estados mentales y actos positivos, es muy probable que al empezar el trance de la muerte dicha virtud salga a flote. Pero si nuestras vivencias han sido principalmente perniciosas, la tendencia que se manifestará en el momento de la muerte será negativa. Si el bien y el mal se han acumulado por igual, es incierto cuál de los dos dominará en el trance, será como una carrera entre ambos.

Este hecho es de una importancia capital porque si al empezar el proceso de la muerte nuestra mente se encuentra en un estado virtuoso como el amor, la renuncia o la compasión, tanto la muerte como el bardo serán pacíficos y el nacimiento posterior afortunado, es decir, en un reino superior. Pero, si nos controlan estados negativos como el apego, el odio o la avaricia, la muerte y el bardo serán confusos y dolorosos y el nacimiento posterior será desafortunado, en un reino inferior.

Quien, en general, ha llevado una vida correcta, pero en los últimos instantes de su vida despierta un estado mental negativo, tendrá un bardo y nacimiento negativos. Sin embargo, la virtud que ha acumulado no se pierde. Por el contrario, una persona malvada que en sus últimos instantes genera un estado mental muy positivo, tendrá un bardo y un nacimiento afortunados, aunque arrastrará con él su karma negativo y experimentará los resultados en el futuro. Un equipo de fútbol puede perder algunos partidos, pero, si consigue llegar a la final y ganar el encuentro más importante se proclama campeón; otro equipo, puede haber sido muy regular ganando más partidos, pero si pierde en este último y decisivo encuentro, queda relegado. Cuando empieza el proceso de la muerte jugamos "la gran final".

En los penosos momentos del trance, los familiares del moribundo han de procurar crear un ambiente tranquilo y relajado a su alrededor, tratando de no provocarle aversión o apego. Si el moribundo es de naturaleza religiosa, deberían recordarle sus prácticas. Le pueden recitar textos o mantras al oído, hablarle del amor, la compasión y el refugio en las Tres Joyas. Sea cual sea su religión se le debe ayudar a recordar sus objetos de fe y sus oraciones; si se trata de una persona no religiosa se la debe ayudar a morir en paz.

El método para transformar directamente la muerte, el bardo y el nacimiento en senderos que nos lleven a la Iluminación nos lo ofrece el tantra superior. Este método tántrico consta de dos partes: el estado de generación y el de consumación. El primero transforma estos tres trances de manera indirecta y el segundo lo hace directamente. Pero hay algo muy importante a tener en cuenta, la práctica tántrica se debe cimentar en los tres aspectos principales del camino a la Iluminación, explicados en capítulos anteriores.

La muerte

Desde tiempo sin principio, vida tras vida venimos experimentando la muerte, el bardo y el nacimiento. A partir de este punto se tratarán las experiencias que vivimos en estas tres fases de nuestra existencia y por qué se producen. Para abordar el proceso de la muerte según le acontece al ser humano, hace falta conocer nuestra propia naturaleza. El ser humano está constituido por seis sustancias que pueden presentarse en dos clasificaciones; esta es la primera, con relación a los elementos: tierra, agua, fuego, aire, canales y gotas. La segunda clasificación con respecto a la materia es: hueso, tuétano y semen –procedentes del padre–, y sangre, piel y carne –procedentes de la madre–. Nuestros padres, pues, nos proporcionan la base física que constituye nuestro cuerpo, pero no la mente, pues ésta es inmaterial.

Todo ser humano posee un cuerpo burdo que podemos ver y tocar, un cuerpo sutil formado por los canales, aires y gotas y un cuerpo todavía más etéreo conocido como cuerpo muy sutil o también como aire muy sutil. El cuerpo muy sutil acompaña a la mente de la Luz Clara, de la cual conoceremos más detalles en el capítulo del nacimiento.

El cuerpo sutil está constituido por setenta y dos mil canales, los más importantes son el canal central que recorre el cuerpo desde la coronilla hasta el órgano sexual, paralelo a la columna vertebral y los dos laterales, situados a la izquierda y a la derecha del central. Por todos estos canales fluyen los aires de energía y las gotas, excepto por el canal central que se halla bloqueado en distintos puntos de su recorrido. Estos bloqueos son como un enroscamiento de los canales laterales en el central que forma una especie de nudo; se les llama también *chakras* y están situados en la coronilla, garganta, corazón ombligo, lugar secreto y órgano sexual. Los aires sutiles que circulan por los distintos canales solamente pueden penetrar en el central en el momento de la muerte o a través de poderosas prácticas tántricas. Se dice que quien practica el tantra superior sin tacha, trabajando correctamente con sus canales, aires y gotas, llega a la Iluminación en una sola vida.

El poder de los aires de energía internos que fluctúan por nuestros canales hace posibles las distintas funciones fisiológicas que lleva a cabo nuestro cuerpo. Algunos de estos aires sirven como "monturas" para los distintos estados mentales que también pueden ser burdos, sutiles y muy sutiles.

A lo largo del proceso de la muerte, el cuerpo burdo se disuelve en el sutil y éste en el muy sutil. Del mismo modo, existen también tres niveles de mente o consciencia. Las consciencias sensoriales físicas son mentes de un solo nivel: burdo. Pero la consciencia mental tiene tres grados: burda, sutil y muy sutil. Las ochenta concepciones indicativas son mente burda; los tres estados denominados: apariencia, aumento y cerca del logro son mente sutil. La mente muy sutil es la Luz Clara de la muerte.

Durante el proceso de la muerte, todos los aires de energía internos que fluyen por los innumerables canales se recogen primero en los canales laterales y de allí pasan al canal central, donde permanecen y se disuelven provocando los distintos signos o experiencias que acontecen a un moribundo.

A lo largo del trance, el ser pasa por dos tipos de experiencias: signos externos y signos internos. Los signos internos son ocho visiones que tienen lugar cuando los elementos (tierra, agua, fuego y aire) dejan de funcionar en el cuerpo; el primero en absorberse es el elemento tierra, y terminan con el despertar de la Luz Clara, tras disolverse todos los elementos restantes. Sin embargo, la ayuda al moribundo se debe iniciar antes de que empiecen a disolverse los elementos. He aquí una descripción de los veinticinco fenómenos que se disuelven en el proceso de la muerte:

Los cinco agregados

Forma, sensación, discernimiento, factores composicionales y consciencia.

Los cuatro elementos

Tierra, agua, fuego y aire.

Los seis poderes sensoriales

El poder sensorial visual, auditivo, olfativo, gustativo, del tacto y mental.

Los cinco objetos

Las formas y colores, los sonidos, los olores, los sabores y las sensaciones del tacto en el continuo mental del moribundo.

Las cinco sabidurías básicas

La sabiduría básica parecida al espejo, la sabiduría de la igualdad, la sabiduría del análisis, la sabiduría de ejecutar actividades, la sabiduría del dharmadhatu (esfera de la realidad o semilla del Cuerpo de la Verdad de un buda).

Los cinco primeros fenómenos que se disuelven son los pertenecientes al agregado de la forma. Ocurre así:

Primera disolución

Los cinco fenómenos del agregado de la forma:

El agregado de la forma.
La sabiduría básica parecida al espejo.
El elemento tierra.
El poder sensorial visual.
Las formas y colores en el continuo mental del moribundo.

Signos externos de la disolución del agregado de la forma.

Cuando se disuelve el agregado de la forma, el cuerpo se debilita y pierde ciertas facultades; el moribundo tiene la sensación física de que se hunde. Con la disolución de la sabiduría básica parecida al espejo, el poder de la mente para reflejar cosas se disuelve y la visión se vuelve borrosa. Cuando acontece la disolución del elemento tierra, se aflojan las extremidades y aparece la sensación de hundirse, acompañada de una extrema delgadez. En esos momentos algunas personas defecan u orinan sin control. Con la disolución del poder sensorial visual, el moribundo ya no puede abrir o cerrar los ojos a voluntad; al disolverse las formas en su continuo mental, éste pierde el brillo de su piel.

Signo interno de la disolución del agregado de la forma

El signo interno que percibe el moribundo se llama *la apariencia parecida a un espejismo*. Es como cuando el sol cae implacable en el desierto, formando una apariencia de agua sobre la arena.

Esta apariencia interna se produce cuando el elemento tierra en nuestro cuerpo se disuelve en el elemento agua. Que el elemento tierra se disuelva en el agua no quiere decir que la naturaleza del primero se transforme en la naturaleza del segundo, únicamente indica que el elemento tierra en el moribundo se ha debilitado, fortaleciéndose el poder del elemento agua.

Segunda disolución

Los cinco fenómenos del agregado de la sensación

El agregado de la sensación.
La sabiduría básica de la igualdad.
El elemento agua.
El poder sensorial auditivo.
Los sonidos en el continuo mental del moribundo.

Signos externos de la disolución del agregado de la sensación

Al disolverse el agregado de la sensación, la consciencia corporal del moribundo ya no tiene experiencias agradables, desagradables o neutras. Al disolverse la sabiduría de la igualdad, se pierde la experiencia individual y el ser no discierne entre sensaciones agradables, desagradables o neutras. Cuando se disuelve el elemento agua, los líquidos corporales se secan. Al disolverse el poder auditivo ya no se perciben los sonidos externos. Y cuando, por último, se disuelven los sonidos en el continuo del moribundo, ni tan siquiera percibirá el zumbido interno de sus propios oídos.

Signo interno de la disolución del agregado de la sensación

El signo interno que percibe el moribundo es denominado *la apariencia del humo*; como una especie de neblina o vapor ligero. Esta apariencia interna es causada por la disolución del elemento agua en el elemento fuego.

Tercera disolución

Los cinco fenómenos del agregado del discernimiento.

> El agregado del discernimiento.
> La sabiduría básica del análisis individual.
> El elemento fuego.
> El poder sensorial olfativo.
> Los olores en el continuo mental del moribundo.

Signos externos de la disolución del agregado del discernimiento

Cuando se disuelve el agregado del discernimiento, el moribundo ya no reconoce ni a sus familiares ni a sus amigos. Al disolverse la sabiduría básica del análisis deja de recordar los nombres de sus más allegados. Al disolverse el elemento fuego el cuerpo del moribundo pierde calor y las funciones digestivas se detienen por completo. Cuando se disuelve el poder sensorial olfativo, la inhalación se vuelve tenue y la exhalación se hace más larga; empieza a emitir los sonidos de la agonía. Debido a la disolución de los olores en su continuo mental, el moribundo no puede detectar ningún olor en absoluto.

Signo interno de la disolución del agregado del discernimiento

El moribundo tiene una visión denominada *la apariencia de chispas,* parecida al chisporroteo que vemos si quemamos hierba seca en la oscuridad de la noche. Esta apariencia interna se produce porque el elemento fuego se ha disuelto en el elemento aire.

Cuarta disolución

Los cinco fenómenos del agregado de los factores composicionales

El agregado de los factores composicionales.
La sabiduría básica de ejecutar actividades.
El elemento aire.
El poder sensorial gustativo.
Los sabores en el continuo mental del moribundo.

Signos externos de la disolución del agregado de los factores composicionales

Al disolverse el agregado de los factores composicionales el moribundo no se puede mover. Cuando se disuelve la sabiduría básica de ejecutar actividades ya no es capaz de recordar sus objetivos, su trabajo o quehaceres mundanos. Con la disolución del elemento aire, los diez aires de energía internos se disuelven en el chakra del corazón y la respiración se detiene, pero sería un error pensar que en este momento la persona ha muerto. Al disolverse el poder sensorial gustativo, la lengua se encoge, aumenta su grosor, su raíz se vuelve azul y la persona deja de emitir sonidos. Si deseamos darle al moribundo agua o píldoras benditas, deberíamos hacerlo al principio del proceso de la muerte ya que, llegado a este punto, no podría ingerirlas. Al disolverse los sabores en su continuo mental, no puede experimentarlos más.

Ahora es cuando se disuelve el poder sensorial del cuerpo y ya no tiene sensaciones físicas de placer, dolor o indiferencia, suave o áspero, duro o blando, calor o frío.

Signo interno de la disolución del agregado de los factores composicionales

El signo interno es la *apariencia de la llama*. Es parecido a los últimos destellos de la llama de una vela al apagarse. Esta apariencia es producida porque el elemento aire se ha disuelto y el factor de la consciencia se ha hecho más preponderante.

Hasta este momento se han disuelto los aspectos burdos del cuerpo y la mente del ser. Seguidamente se disolverá el agregado de la consciencia. Primero lo harán las ochenta concepciones indicativas; hay textos en los que se enumeran detalladamente pero, de manera resumida, podemos decir que treinta y tres están vinculadas con el apego; cuarenta con el odio y siete con la ignorancia. El primer grupo está relacionado con la mente sutil previamente mencionada cuyo nombre es *apariencia*. El segundo grupo está vinculado con la mente sutil denominada *aumento* y el tercero con la mente sutil denominada *cerca del logro*.

Como se ha señalado antes, el agregado de la consciencia tiene tres niveles: el burdo se refiere a las consciencias sensoriales ya disueltas y a estas ochenta concepciones indicativas; el sutil son las tres apariencias y el más sutil es la Luz Clara.

Agregado de la consciencia

Las ochenta concepciones indicativas.
La mente de la apariencia blanca.
La mente de la apariencia roja.
La mente de la oscuridad cercana al logro.
La mente de la Luz Clara de la muerte.

Cuando se formó nuestro cuerpo en el seno materno, la esencia de las gotas blanca y roja, denominada "la gota indestructible", que obtuvimos de nuestros padres, formó el chakra del corazón. Una porción de la gota blanca se desprendió y ascendió hasta el chakra de la coronilla, donde permanece segregando las gotas blancas en el cuerpo. Una porción de la gota roja se desprendió descendiendo hasta el chakra del ombligo, donde permanece generando las gotas rojas de nuestro organismo; es conocida como *tumo* y su función es la de producir el calor corporal.

Quinta disolución

A lo largo de las disoluciones de los cuatro elementos burdos explicados hasta este punto, los aires se han ido reuniendo en los canales laterales y central del moribundo; esto ha provocado que se aflojen los nudos en todos sus chakras, excepto los del corazón. Dicho aflojamiento permite que la gota blanca, situada en la coronilla, descienda hasta el chakra del corazón quedando justo encima de los seis nudos que lo constriñen. Cuando esto sucede, el moribundo experimenta la *apariencia blanca*; es como un cielo nocturno de otoño, claro y vacío impregnado por la brillante luz de la luna. Es una mente sutil y la percepción es interna, también se la denomina primer vacío. Este mismo proceso completo se puede llevar a cabo en vida, aunque sólo por los meditadores expertos en el estado de consumación.

Las ochenta concepciones indicativas se disuelven de manera simultánea y no gradual porque los aires que las acompañan se disuelven también. La disolución de todas ellas tiene lugar una vez terminada la absorción de los fenómenos burdos, recién explicados.

Aunque, en realidad, las ochenta concepciones indicativas se disuelven cuando surge la apariencia blanca, algunos maestros y eruditos de antaño sostenían que la disolución era gradual. Es decir, las treinta y tres primeras lo hacían durante la disolución de la apariencia inicial; cuarenta durante la segunda disolución y siete durante la tercera. Sin embargo, esto es falso, porque las mentes de *apariencia, aumento* y *cercana al logro* son sutiles, mientras que las ochenta concepciones indicativas son burdas. Cuando la *apariencia de la llama* se manifiesta, las ochenta concepciones se han consumado.

Sexta disolución

Debido a las disoluciones previas, los aires han aflojado los nudos del chakra del ombligo. Ello permite que la gota roja ascienda, llegue a los nudos del chakra del corazón y se produzca la apariencia del *rojo en aumento*. Es como el color anaranjado del cielo límpido en otoño al ponerse el sol. Se denomina también *segundo vacío* o *muy vacío*.

Séptima disolución

La presión generada por los aires que acompañaban a la mente de apariencia blanca y la de rojo en aumento, hace que se aflojen los nudos en el chakra del corazón y las dos gotas se unan aprisionando a la gota indestructible formando como una especie de cajita hermética a su alrededor. Debido a ello, el moribundo experimenta una sensación de oscuridad, percibe la oscuridad cercana al logro, denominada *el gran vacío*. Es como un estado de inconsciencia y la visión es la de un cielo de otoño libre de polución e impregnada por la densa oscuridad de la noche. Algunos moribundos permanecen en este estado mucho tiempo, otros muy poco.

Octava disolución

Las gotas roja y blanca se disuelven en la gota indestructible que se halla en el corazón y todos los aires que circulan por el canal central se disuelven en el aire muy sutil que sostiene la vida. Por este motivo despierta la mente de Luz Clara, en estado de letargo durante toda la vida. La visión es como el color natural de un cielo de otoño al amanecer, libre de las tres causas de polución: luz lunar, solar y oscuridad. Esta apariencia es comparable a la consciencia de estabilidad meditativa en la vacuidad. Es la muerte.

Todos los seres activan esta mente al morir, incluso los animales. Un yogui con poder sobre el estado de consumación puede utilizarla para experimentar la vacuidad. La Luz Clara se denomina a veces *todo vacío*; en la escuela nyingmapa se la conoce como *dzogchen*, en la escuela kagyupa como *mahamudra*. Si podemos transformarla, ésta es la mente que se iluminará, si no lo logramos nos perpetua en el samsara. Es la mente que va desde la vida pasada a la presente y de la presente a la futura. Solo los grandes yoguis tántricos, expertos en el estado de consumación, pueden activarla a voluntad.

Mientras un yogui permanece en equilibrio meditativo en la Luz Clara de la muerte, su cuerpo no adquiere la rigidez característica de un cadáver. Trijang Rimpoché permaneció un mes en este estado, Ling Rimpoché, dos semanas y Phara Rimpoché, tres semanas. Ellos son ejemplos recientes del poder mental de un gran meditador.

La Luz Clara puede ser la *Luz Clara Madre* y la *Luz Clara Hijo*. La primera es la que existe en todos los seres y la segunda es la que posee un yogui ya familiarizado con el proceso psicofísico descrito hasta ahora. Si el yogui puede utilizar la Luz Clara Madre, ésta lo lleva hasta la Budeidad. Con una mente tan especial corta con los engaños y el karma. Muchos yoguis indios y tibetanos han esperado la Luz Clara Madre para iluminarse en el bardo.

En Tíbet el cuerpo del difunto permanece en su casa hasta transcurridos dos o tres días, el tiempo que un ser ordinario puede mantener el estado de Luz Clara. Cuando la mente más sutil abandona el cuerpo, lo hace a través de alguna de sus "puertas" corporales, es decir, los pies, el ano, el órgano sexual, la coronilla, el ombligo y algún otro. Se dice que si emerge a través del corazón hay muchas posibilidades de renacer en los reinos superiores, pero si emerge a través de las partes inferiores del cuerpo, como los pies, el ombligo o el ano, es señal de que el ser renacerá en reinos inferiores. Es muy desaconsejable tocar o mover un cadáver, especialmente en su parte inferior. De tener que hacerlo, es mejor tocarle primero la coronilla porque la consciencia tiende a salir por el lugar del cuerpo que se toca.

El objetivo de conocer este proceso con tanto detalle es incentivar prácticas como los tres aspectos principales del camino: renuncia, bodhichita y *sunyata* o vacuidad, y motivarnos para practicar la sadhana de Chenrezig, por ejemplo, que es sencilla y fácil. De este modo nos preparamos para morir con un verdadero refugio interior.

El bardo

La escuela filosófica budista vaibhashika rechaza el estado intermedio en base a una cita del Buda que dice: "Quien comete muchas negatividades cae directamente en un reino inferior". Sin embargo, lo que daba a entender esta cita es que quienes hayan cometido actos negativos muy graves pasan a un reino inferior muy rápidamente; pero no significa que se salten el estado intermedio. Un ejemplo clásico lo ilustra: "La flecha que sale disparada del arco apenas se ve porque va a gran velocidad, solo se ve cuando llega a su destino; ello no quiere decir que no haya recorrido todo un trayecto entre su lugar de origen y su destino". En otros sutras el Buda hablaba de siete reinos de existencia samsárica: los seis habituales –infiernos, espíritus hambrientos, animales, humanos, semidioses y dioses– más el reino del bardo.

El proceso de dormir es similar al de la muerte, el sueño es similar al bardo y el despertar es similar al nacimiento. El problema es que no reconocemos el sueño como tal y tampoco somos capaces de reconocer el bardo. No nos damos cuenta de que estamos en el bardo, como tampoco nos damos cuenta de que dormimos y soñamos. Es lógico pensar que, si no somos conscientes de actividades tan cotidianas, tampoco lo seremos al morir.

La mente muy sutil de la Luz Clara va acompañada de un aire que le sirve de montura, cuando llegados a este punto en el trance dicho aire se mueve, la gota blanca asciende saliendo por la nariz y la roja desciende saliendo por el órgano sexual.

La Luz Clara de la muerte cesa y simultáneamente empieza el bardo. A partir de este instante, el cuerpo y la mente se han separado y podemos afirmar con rotundidad que la persona ha muerto.

En general, estos son los diferentes tipos de bardo por los que atraviesa:

Bardo del nacimiento.
Bardo del sueño.
Bardo de la concentración.
Bardo cercano a la muerte.
Bardo de la realidad.
Bardo real.

De todos ellos sólo se explicará el último, el bardo real que tiene lugar entre la muerte y el nacimiento. Como se ha visto en la sección anterior, a lo largo del proceso de la muerte, el moribundo, cuyo continuo mental está ahora en el bardo, ha pasado por: la apariencia del espejismo, humo, chispas, flamear de una llama, ochenta concepciones, apariencia blanca, rojo en aumento, oscuridad cercana al logro y Luz Clara. La Luz Clara de la muerte es la causa sustancial de la mente del ser del bardo y el aire que la acompaña es la causa sustancial del cuerpo del bardo. La primera mente que tiene el ser en el bardo es la oscuridad cercana al logro, seguidamente aparece la del rojo en aumento, la apariencia blanca, las ochenta concepciones y el resto.

El bardo es más apacible y largo para los que han sido virtuosos y han de renacer en reinos superiores. Los seres que van a renacer en el reino sin forma no pasan por el bardo ya que en este estado de existencia no tienen cuerpo. Entre otras, un ser del bardo tiene cinco características:

Posee todas las facultades sensoriales.
Nace de manera espontánea y todos sus miembros se forman simultáneamente.

Su cuerpo es sutil y no puede ser obstruido, excepto por el seno materno.

Impulsado por el poder del karma, se puede desplazar en un instante donde desee.

La virtud acumulada por el ser del bardo o por sus amigos y familiares hacen posible una alteración del tipo de renacimiento a que estaban predestinados, pero sólo en casos excepcionales. El ser del bardo es conocido con otros nombres: "el que surge de la mente", "buscador de existencia", "el que se alimenta de olor", "el que establecerá la existencia".

El primer problema con que se encuentra el ser al entrar en el bardo es que no se da cuenta de que ha muerto. Se acerca a su hogar, intenta hablar con su esposa, esposo o con sus hijos para decirles que está ahí, pero al no poder comunicarse con ellos siente tristeza y abandono. Tras fracasar en repetidos intentos empieza a dudar, acaba por darse cuenta de que su cuerpo es mental porque no proyecta sombra, ni deja huellas.

Su aspecto.

El aspecto del ser del bardo es una proyección del cuerpo que va a obtener en la próxima vida: ser humano, infernal, preta, animal o dios. Nosotros no podemos percibir a los seres del bardo, pero ellos sí pueden percibirnos a nosotros. A través del poder de su meditación, algunas personas pueden ver a los seres del bardo. Los seres del bardo que han de renacer en el mismo reino de existencia pueden percibirse entre sí.

Su medida.

La estatura del cuerpo del ser del bardo es como la de un niño de cinco o seis años, aunque puede ser también más grande.

Su espacio de vida.

El espacio de vida del ser del bardo es de siete días, pero puede volver a renacer en el bardo hasta un máximo de siete semanas, después se reencarna definitivamente. Cada semana pasa por una muerte pequeña y si no encuentra un seno materno para renacer, vuelve a hacerlo en el bardo. El ser del bardo no es feliz pues tiene muchas apariencias erróneas y constantemente teme por su vida; todo ello es producto de los movimientos de los cuatro elementos que le provocan terror. Su ocupación principal es vagar en busca de un lugar para renacer.

Su color.

Según el sutra *Enseñanza a Nanda sobre la entrada en el seno*, si el ser del bardo ha de renacer en un reino inferior, tanto sus apariencias como su cuerpo son de color oscuro. Si ha de renacer en un reino superior, sus apariencias y su cuerpo son claros, como la luz de la luna. Quien ha de renacer como ser infernal tiene apariencias y aspecto parecido al carbón. Quien lo hará como preta es transparente como el agua. Los que renacerán como animales tienen apariencias y aspecto ahumado. Los que serán hombres o dioses, tanto lo que perciben como su propio aspecto es dorado. Los que nacerán en el reino de la forma lo ven todo blanco. Los que van a renacer en reinos celestiales tienen la sensación de ascender. Los que van a renacer como humanos tienen la sensación de ir en línea recta. Los que van a renacer en reinos inferiores, sienten que caen hacia abajo o caminan sobre la cabeza.

No todos los seres del bardo renacen en samsara ya que algunos se iluminan en este estado, como fue el caso de Lama Tsong Khapa.

Como se ha explicado antes el samsara está compuesto de tres reinos superiores y tres inferiores y los seres que habitan en ellos pasan por cuatro existencias:

Existencia del nacimiento.
Existencia de la vida.
Existencia de la muerte.
Existencia del bardo.

La *existencia del nacimiento* dura solo un instante, es el primer momento de la concepción. La *existencia de la vida* abarca desde el instante inmediatamente posterior a la concepción hasta la Luz Clara de la muerte. La *existencia de la muerte* se produce cuando experimentamos la Luz Clara de la muerte. La *existencia del bardo* es el periodo entre la muerte y el nacimiento.

Algunas personas sostienen haber entrado en contacto con seres fallecidos años atrás. Pero es bueno saber que, en realidad, no contactan con un ser del bardo o un ser reencarnado en otro reino de existencia, sino con lo que podemos denominar un "doble". Se trata de una energía o fuerza que nos acompaña desde que nacemos. Esta fuerza tiene un aspecto positivo y otro negativo.

Siempre que actuamos correctamente, la fuerza positiva se siente feliz y atestigua lo que hemos hecho. La fuerza negativa, en cambio, se deleita cuando actuamos de manera negativa y de algún modo nos anima a ello. La fuerza negativa de un muerto puede regresar al lugar donde vivió para perjudicar o inquietar a sus familiares. Aunque puede ocurrir a la inversa, lo más frecuente es que sea la fuerza negativa y no la positiva la que se aparezca en forma de espectro.

Al nacer, además, ya traemos incorporadas las semillas de cuatrocientas veinticuatro enfermedades, ochenta mil tipos de obstáculos, trescientos sesenta espíritus malignos y dieciocho fuerzas mayores que pueden tratar de perjudicarnos. Si se dan las circunstancias apropiadas, estas semillas kármicas creadas por nosotros mismos pueden manifestarse.

En el Tíbet existe la costumbre de hacer oraciones y ofrecimientos especialmente dedicados al fallecido cada siete días. A la séptima semana, se ofrece una gran sadhana o *pujas* en su beneficio, dándose por concluida la permanencia del ser en el bardo.

También se suelen hacer ofrecimientos a las Tres Joyas, se da limosna a los pobres y se subvencionan actividades de Dharma. Otra práctica muy común es el *shur,* que consiste en quemar *tsampa* para los seres del bardo quienes, recordemos, "se alimentan de olores".

El nacimiento

En muchos textos budistas se explica de manera precisa cómo surge una nueva vida, así como las etapas del desarrollo del feto en un seno materno. También se encuentran extensas explicaciones que demuestran con razonamientos lógicos que la vida presente no surge por casualidad, sino de una vida previa.

En general, existen cuatro tipos de nacimiento o reproducción en las distintas especies de seres conscientes:

Desde el seno materno.
De un huevo.
Por el calor y la humedad.
De forma milagrosa.

Muchos son los animales que nacen de un huevo. Y hay microorganismos que surgen de la humedad y el calor. Los elefantes, caballos, humanos, etc., nacen de un seno materno. El nacimiento de forma milagrosa o espontánea es bueno porque no produce dolor ni a uno mismo ni a los demás. Esta es la forma en que nacen los dioses, los seres del bardo y los seres infernales, aunque ha habido seres extraordinarios como Gurú Rimpoché y Aryadeva que también nacieron de ese modo. Los pretas pueden renacer también a través de un seno materno. Un texto de Maudgalyayana señala, por ejemplo:

¿Qué es el nacimiento desde el seno materno? Hace referencia a cualquier ser consciente que nace del seno de su madre, aquellos que residen en el seno materno, que están cubiertos de líquido amniótico en el seno materno, que nacen y emergen plenamente al atravesar la bolsa amniótica en el seno materno, que se desarrollan, se desarrollan de modo manifiesto, se desarrollan plenamente y emergen. ¿Quiénes son? Elefantes, caballos, burros, ciervos, cerdos, humanos, etc.

El texto describe también las cualidades y los protagonistas de los otros tipos de nacimiento.

El ser que está en el bardo vaga de un lado a otro en busca del lugar apropiado para nacer. Podría decirse que, impulsado por su karma, se dedica a buscar a los padres apropiados. *El Sutra de Nanda sobre la entrada en el seno materno* dice:

> Si la madre y el padre han generado deseo sexual, y si esto coincide con el estado fértil del ciclo menstrual. Si los agregados del estado intermedio están presentes, si poseen pocas de las faltas mencionadas, y si existe la condición del karma, luego el ser del bardo entrará en el seno materno.

Cuando durante la copulación las gotas de ambos –padre y madre– se unen, el ser del bardo es concebido. Estas gotas tienen un aspecto parecido a la crema que se forma al hervir leche. "*Si poseen pocas de las faltas mencionadas*" significa que para poder ser concebido en un seno materno han de darse seis circunstancias: estar libre de tres condiciones negativas y reunir tres condiciones positivas:

1. La madre debe estar libre de enfermedad y no hallarse en periodo de menstruación.

2. El ser del bardo debe estar próximo y desear entrar en aquel seno materno.

3. Debe haber deseo por parte de los padres y ha de producirse el coito.

4. El útero de la mujer ha de estar sano.

5. Los fluidos regenerativos del padre y de la madre deben segregarse al mismo tiempo y estar libres de enfermedad.

6. Ha de existir una conexión kármica entre el ser del bardo y sus futuros padres.

Si estas seis condiciones no están presentes, no hay concepción. El *Abhidharmakosha* señala incluso que para que las condiciones sean óptimas, el orgasmo de los futuros padres debe ser simultáneo.

Si el ser del bardo ha de renacer como varón siente odio hacia el padre y apego por la madre; si ha de hacerlo como hembra sentirá aversión hacia la madre y atracción hacia el padre. El ser del bardo fallece debido a esa mezcla de apego y odio y penetra en el cuerpo de sus padres a través de una de las tres puertas siguientes: la boca del padre, la cabeza del padre o el lugar secreto de la madre.

En el mismo sutra se dice:

> Cuando ese ser del bardo entra en el seno de la madre su mente padece de ciertas distorsiones. Si va a nacer como varón, genera apego hacia la madre y aversión hacia el padre. Si va a nacer como hembra, genera apego hacia el padre y aversión hacia la madre. Debido a su karma pasado, genera pensamientos distorsionados debido a un discernimiento erróneo.

Cuando el ser del bardo muere se disuelven sus ochenta concepciones indicativas, la apariencia blanca, la roja, la oscuridad cercana al logro y la Luz Clara. Su primera mente en la nueva existencia, en el instante de la concepción, es la oscuridad cercana al logro, que paulatinamente da lugar a la apariencia roja, la apariencia blanca, las concepciones indicativas y las mentes más burdas. Es decir, a partir de que ha sido concebido se invierte el proceso de las disoluciones que el ser había experimentado previamente.

El siguiente ejemplo ilustra el proceso de nacer y morir: cuando echamos el aliento en un espejo, se extiende desde el centro hacia los lados, de la misma manera una vida empieza desde la mente sutil hacia la burda. Como el vapor del aliento en el espejo que se esfuma hacia el centro y desaparece; durante el proceso de la muerte, la mente burda se va disolviendo en la sutil y la muy sutil.

La muerte del ser del bardo se produce en el preciso instante de la concepción, al entrar en el seno materno. Cuando esto ocurre la mente se halla en el estado de oscuridad cercano al logro. Esta es la existencia del nacimiento, inmediatamente seguida por la existencia de la vida que abarca desde el instante inmediatamente posterior a la concepción, hasta la Luz Clara de la muerte de este nuevo ser.

Desarrollo del cuerpo en el seno materno tras pasar por el bardo

El que fuera ser del bardo ha sido concebido y se desarrolla en el seno materno pasando a través de cinco etapas:

Embrión con forma oval.
Forma viscosa.
Feto de carne que no resiste la presión.
Feto de carne resistente a la presión.
Feto al que le crecen los miembros.

La permanencia del ser en el seno materno es de unas treinta y ocho semanas y su estructura física cambia cada semana. A continuación, tan solo explicaré de modo resumido lo que ocurre durante algunas de estas primeras semanas.

Tras los primeros siete días, el embrión tiene una consistencia parecida a la nata que resulta de hervir leche y su forma es líquida, es un *embrión con forma oval*. A partir de entonces, los cuatro elementos contribuyen al crecimiento del feto. El elemento tierra sostiene esa estructura frágil, el elemento aire le da cohesión, el elemento fuego activa el proceso de maduración y evita la putrefacción y el elemento aire desarrolla esa estructura inicial. *El Sutra de Nanda* señala:

En la primera semana de estancia en el seno materno la facultad sensorial y la consciencia experimentan un sufrimiento insoportable, como si fuese cocinado y asado en una olla de cobre muy caliente. Su apariencia es como espuma de yogur y este recién creado embrión claramente manifiesta la solidez del elemento tierra, la humedad del elemento agua, el calor del elemento fuego y la movilidad del elemento aire, debido a su incubación interna y completa durante una semana.

Pasados siete días, la segunda semana, se generan nuevos aires energéticos (tib: *lung* skt: *prana*) y el feto adopta un aspecto más alargado pero parecido a un yogur más sólido o cremoso alargado. Ahora es una *forma viscosa* con los cuatro elementos más manifiestos.

Siete días después, la tercera semana, nuevos aires transforman este aspecto de yogur en un *feto de carne que no resiste la presión*. Tiene una forma carnosa pero muy tierna y frágil. Pero los cuatro elementos se desarrollan de modo más claro. *El Sutra de Nanda* describe el proceso de estas diferentes etapas de un modo que, curiosamente, coincide mucho con las perspectivas científicas contemporáneas basadas en experiencias empíricas.

Transcurridos siete días más, la cuarta semana, un nuevo aire le da madurez y lo transforma en un *feto de carne resistente a la presión*. Nuevos aires purifican las gotas obtenidas de los padres. La gota blanca obtenida del padre produce hueso, tuétano y semen. La gota roja obtenida de la madre produce piel, carne y sangre. La mezcla original de las gotas blanca y roja donde había entrado la consciencia se convertirá en su chakra del corazón y la mente muy sutil –la Luz Clara y el aire que la acompaña– permanecerá aprisionada en su interior.

Tras siete días, la quinta semana, nuevos aires energéticos provocan que se transforme en un *feto al que le crecen los miembros*. Aparecen cinco protuberancias: hombros, cabeza, muslos. *El Sutra de Nanda* lo describe de este modo:

Nanda, también en la quinta semana el embrión se desarrolla como antes. Un aire denominado "el que reúne a la perfección" surge en el seno materno y cuando ese aire impacta en el feto se despliegan los cinco miembros: dos hombros, dos muslos y la cabeza, igual que el crecimiento y aumento de ramas y hojas de árboles en los bosques debido a la lluvia de verano.

Durante la sexta semana un aire denominado "gran expansión" surge en el seno materno y debido a que impacta en el feto surgen dos antebrazos a partir de los dos hombros y de los muslos aparecen las pantorrillas, como el crecimiento de la hierba, los árboles y las ramas en una lluvia de verano.

En la séptima, octava y novena semanas se desarrollan y perfilan otras partes del cuerpo del feto. *El Sutra de Nanda* señala lo siguiente:

Nanda, en la séptima semana un aire denominado "circulador" surge en el seno materno y cuando impacta en el feto surgen las partes superiores de las dos manos y pies. De modo que ese embrión pasa a poseer esos cuatro miembros al igual que las burbujas se forman en el agua.

Nanda, en la octava semana un aire denominado "aquello que detiene y transforma" surge en el seno materno y debido al impacto se forman en el feto los veinte dedos. Así surgen los diez dedos de las manos y los diez de los pies, igual que la primera salida de las raíces de los árboles durante la lluvia de verano.

Nanda, en la novena semana un aire denominado "separador específico" surge en el seno materno y debido al impacto aparecen nueve características: los dos ojos, las dos orejas, los dos orificios nasales, la boca, el orificio para el excremento y el orificio para la orina.

A lo largo del resto de semanas se van formando todas las partes del feto hasta el final. Por ejemplo, en la decimotercera semana debido a aires que han salido en las dos semanas anteriores, el feto llega a conocer el hambre y la sed. Por lo tanto, cualquier nutriente que se deriva de lo que consume la madre beneficia el cuerpo del embrión que mora en el seno materno a través del cordón umbilical en el ombligo.

Más adelante, en la semana decimosexta *El Sutra de Nanda* señala:

Nanda, en la decimosexta semana un aire denominado "mover el néctar" surge en el seno materno, y debido al impacto se establecen los poderes sensoriales de los ojos, los de la oreja, los de la nariz, la apertura de la boca, el orificio de la garganta, la cavidad del corazón y los pasajes para la comida, bebida, consumibles y los que han de saborearse. También el movimiento externo e interno de la respiración de ese feto se limpia de obstrucción.

Nanda, en la semana treinta y una ese feto que mora en el seno materno aumenta de tamaño. Y así ocurre también en las semanas treinta y tres y treinta y cuatro.

Nanda, en la semana treinta y cinco ese feto que mora en el seno materno ha desarrollado todos sus miembros mayores y menores.

Nanda, en la semana treinta y seis ese feto que mora en el seno materno no desea permanecer en el seno materno.

Nanda, en la semana treinta y siete ese feto que mora en el seno materno desarrolla tres reconocimientos no distorsionados: el seno no es limpio, su olor es desagradable y es oscuro. Surgen juntos.

Nanda, en la semana treinta y ocho un aire denominado "retraer los miembros" surge en el seno materno y debido a ello el cuerpo de ese feto cambia de posición, con la cabeza hacia abajo, los dos brazos se retraen y la cabeza se establece en la apertura del canal del nacimiento. Y, en ese momento, surge un aire denominado "mirar hacia abajo" y, por el poder del karma ese feto dirige su rostro hacia abajo, con las dos piernas y brazos hacia arriba, a la apertura del canal del nacimiento.

Una explicación externa de todo el proceso se explica en *El Sutra de Nanda acerca de morar en el seno materno*. Allí se detalla el modo en que el cuerpo fetal se desarrolla en el seno materno, desde lo más sutil a lo más burdo, y cómo las diversas partes del cuerpo y los órganos sensoriales, etc. se desarrollan hasta el final.

Información adicional es que, si el nuevo ser va a nacer como varón se situará en el lado derecho de la madre y mirando hacia atrás. Si va a ser una hembra estará colocada en el lado izquierdo y mirando hacia delante.

El tiempo de estancia en el útero es de nueve meses y diez días, aunque el parto puede adelantarse o retrasarse en determinadas circunstancias. Transcurridas treinta y cinco semanas los poderes sensoriales y la estructura física ya están definidos.

A partir de la semana treinta y seis, el que está a punto de nacer ya no soporta seguir en el cuerpo de su madre. En la treinta y siete es consciente de que todo a su alrededor es oscuro y fétido. En la treinta y ocho fluye un aire kármico y el cuerpo se coloca en disposición de salir.

Cuando al final exclamamos: ¡Ha nacido el bebé! No somos conscientes de que, de hecho, su nacimiento tuvo lugar muchos meses antes, en el mismo momento de ser concebido; un instante después ya envejecía, ya estaba agotando su tiempo de vida en el proceso continuo de cambio. Un ser humano pasa por cinco etapas:

Infancia.
Juventud.
Edad adulta.
Madurez.
Vejez.

La infancia va desde el primer año de vida hasta cumplidos los diez; la juventud abarca de los diez a los veinte; de los veinte a los treinta y cinco es la edad adulta; de los treinta y cinco hasta los sesenta es la madurez y a partir de los sesenta es la vejez. Tememos los sesenta porque sabemos que la muerte está cerca.

Como hemos visto, en *El Sutra de Nanda* el Buda describió el proceso del nacimiento, desde la unión del ser con las gotas de sus nuevos padres hasta que nace. Estas mismas descripciones han sido posteriormente constatadas por la ciencia moderna a través de sofisticados instrumentos que permiten ver con total claridad y exactitud las diferentes etapas por las que pasa el feto. Pero hay algo que la ciencia es incapaz de ver y que el Buda sí pudo percibir: sus experiencias y sentimientos.

Una breve descripción de la formación de los canales aires y gotas en el ser humano

A la par que se desarrolla el cuerpo burdo como se ha descrito anteriormente, los textos tántricos detallan el desarrollo del cuerpo sutil, que actúa como base o fundamento del cuerpo burdo.

Aunque hay diez tipos de aires (tib: *lung*) diferentes, los principales son cinco y, entre ellos, destacan *el aire que mueve hacia arriba* y *el aire que vacía hacia abajo*, pues ayudan a desarrollar la parte superior e inferior de los canales, después de lo cual se producen los seis nudos que constriñen el chakra del corazón. Los dos aires principales mencionados influyen para que el feto adopte un aspecto parecido al de un pez. En esta fase los miembros van tomando forma, empiezan a definirse la cabeza, manos y pies; nacen el pelo y las uñas y se empiezan a ver signos del lugar secreto del feto, es decir su sexo se va determinando. Asimismo, se producen las causas para poder inhalar y exhalar, así como el poder del habla.

Los textos tántricos explican un nivel de desarrollo que va teniendo lugar antes de la formación del cuerpo físico y también en distintas etapas que transcurren en el seno materno.

El ser humano tiene tres tipos de cuerpo: burdo, sutil y muy sutil. El cuerpo burdo es el que podemos ver con nuestros ojos, el que se formó a partir del semen del padre y la sangre de la madre. El cuerpo sutil son los canales, gotas y aires de energía que cohabitan en el cuerpo físico, compuesto por los seis elementos. El cuerpo muy sutil es el aire muy sutil que acompaña a la Luz Clara.

El canal central fue el primero que se formó en nuestro cuerpo, un mes después de ser concebidos. Posteriormente se formaron el canal de la derecha y el de la izquierda, pegados cada uno de ellos a un lado del canal central. Estos dos canales laterales se enroscan alrededor del canal central formando seis nudos a la altura del corazón. Desde el lugar donde se enroscan los nudos, surgen ocho radios, cuatro en las direcciones cardinales y cuatro en las direcciones intermedias. En el centro donde convergen todos estos radios hay un hoyuelo que conserva desde que fuimos concebidos la esencia de la gota blanca y roja procedentes de nuestros padres, denominada la *gota indestructible*. Y en el corazón de esta gota tan sutil mora el aire muy sutil, asociado a la esencia más pura de la mente llamada Luz Clara o "la que reside permanentemente".

En el proceso de gestación, una porción de esa gota blanca ascenderá hasta la coronilla y formará el chakra de la coronilla. Esa gota será la causa de todas las gotas blancas del cuerpo. Una porción de la gota roja descenderá, colocándose en el chakra del ombligo y será la causa de la sangre o gotas rojas del cuerpo, así como de su calor. A lo largo del canal central vuelven a formarse otros nudos en distintos puntos: son los chakras.

El chakra del corazón tiene cuatro radios, estos son sus nombres: el triple círculo del este (en frente), el deseoso del sur (a la derecha), el amo de la casa del oeste (detrás), y el feroz del norte (a la izquierda). De cada uno de estos cuatro radios principales surge un radio más señalando las cuatro direcciones subcardinales; de cada uno de ellos salen otros tres radios, haciendo un total de veinticuatro radios o varillas, denominados los canales de los Veinticuatro Lugares Auspiciosos. Aun de éstos surgen tres radios más que sumarán un total de setenta y dos. Los setenta y dos se ramifican en mil canales más; es decir, hay un total de setenta y dos mil canales principales en nuestro cuerpo. Por todos ellos, a excepción del canal central, fluyen aires de energía internos y gotas. El *chakra de la coronilla*, conocido como *la rueda del gran gozo* tiene treinta y dos radios que se arquean hacia abajo, como los radios de un paraguas abierto.

El *chakra de la garganta, la rueda del disfrute,* tiene dieciséis radios arqueados hacia arriba, como un paraguas abierto al revés. El *chakra del corazón, la rueda de los fenómenos,* tiene ocho radios arqueados hacia abajo. El *chakra del ombligo, la rueda de emanación,* tiene sesenta y cuatro radios hacia arriba. El *chakra del lugar secreto, la rueda que sostiene el gozo,* tiene treinta y dos radios.

Nuestro cuerpo está inundado de gotas blancas y rojas. Las primeras son la esencia pura del fluido seminal y las segundas la esencia pura de la sangre. Las gotas que fluyen por los canales son burdas y las que se hallan dentro del hoyuelo formado por los nudos en el chakra del corazón, son sutiles.

En lo que respecta a la formación de los aires de energía, existen cinco aires raíz y cinco secundarios. Estos se van formando a lo largo de la gestación también. Los cinco aires raíz son:

El aire que sostiene la vida.
El aire que vacía hacia abajo.
El aire que empuja hacia arriba.
El aire que mora por igual.
El aire que lo impregna todo.

El *aire que sostiene la vida* tiene dos aspectos, burdo y sutil, es el aire sobre el que cabalga la mente de la Luz Clara y, como se ha mencionado, es el cuerpo muy sutil que viaja de una vida a otra desde tiempo sin principio. La morada de este aire está en el corazón y su función es mantener la vida. Del aire muy sutil que sostiene la vida, surge el aire burdo que sostiene la vida y, de éste, los aires restantes. Está conectado con el elemento agua.

El *aire que vacía hacia abajo* está localizado en las dos puertas inferiores: el ano y el órgano sexual. Su función consiste en retener y liberar el excremento, la orina, el semen o la sangre. Está conectado con el elemento tierra.

El aire que empuja hacia arriba se localiza en la garganta, su función es permitirnos hablar y tragar. Está conectado con el elemento fuego.

El aire que mora por igual se localiza en el ombligo, su función principal es producir calor en el cuerpo y hacernos digerir los alimentos. Está conectado con el elemento aire.

El aire que lo impregna todo se localiza en las trescientas sesenta articulaciones del cuerpo. Su función es permitir el movimiento. Está conectado con el elemento espacio.

A partir del sexto mes de gestación se desarrollan en el feto los aires secundarios. En primer lugar, se desarrolla el *aire que se mueve* desde el corazón hacia los ojos, conectado con el elemento tierra. Capacita a la consciencia visual para dirigirse hacia las formas.

En el séptimo mes se desarrolla el *aire que se mueve intensamente*, conectado con el elemento agua. Capacita a la consciencia auditiva para dirigirse hacia los sonidos.

En el octavo mes se desarrolla el *aire que se mueve perfectamente*, conectado con el elemento fuego. Capacita a la consciencia olfativa para dirigirse hacia los olores.

En el noveno mes se desarrolla *el aire que se mueve con fuerza*, conectado con el elemento aire. Capacita a la consciencia gustativa para dirigirse hacia los sabores. Finalmente se desarrolla el *aire que se mueve definitivamente*, conectado con el elemento espacio. Capacita a la consciencia del tacto generar las sensaciones del cuerpo.

Los cinco aires secundarios se originan en el aire que sostiene la vida, localizado en el corazón y sirven como soporte para que las cinco consciencias sensoriales aprehendan sus respectivos objetos. Aunque estos diez aires se forman en el seno materno durante la gestación, la inhalación y la exhalación por la nariz no tiene lugar hasta después del nacimiento.

Los canales son como una casa, los aires son como la propiedad de la casa y las gotas son como los propietarios. Todos estos elementos están en nuestro cuerpo y si alguno de ellos falla, enfermamos.

Buda Chenrezig:
personificación de la compasión

La práctica del Buda Chenrezig es muy sencilla y la puede practicar cualquier persona que desee mejorar sus cualidades humanas y preparar su mente para tener algo en lo que apoyarse en el trance de la muerte. Esta sadhana pertenece al nivel de tantra denominado *kriya* y, aunque se puede practicar sin haber recibido la iniciación pertinente, los Lamas suelen dar lo que se conoce como *je nang* o "permiso subsiguiente", que no es propiamente una iniciación. El compromiso que implica el *jenang* es, únicamente, recitar el mantra **om mani pedme hum.** Hacer o no la sadhana diariamente es una opción personal.

Refugio y generación de la bodhichita

Me refugio en Buda, el Dharma y la Sangha hasta que alcance la Iluminación. Que por los méritos que acumule con la práctica de la generosidad y otras perfecciones, pueda alcanzar el estado de Buda para poder beneficiar a todos los seres conscientes. (x3)

Incluso para las cosas más simples de la vida nos hace falta la ayuda o el consejo de alguien; dependiendo del tipo de problema que tengamos, en ocasiones recurrimos a un abogado o visitamos a un asesor fiscal, a la policía, a un médico o a un político. Sin embargo, por valiosa que sea la ayuda que cada uno de ellos pueda darnos, sólo abarca este espacio corto de vida. Cuando estemos postrados en el lecho y la muerte se acerque entenderemos que este no es el tipo de ayuda que nos hace falta. Necesitamos preparar un refugio a lo largo de toda nuestra vida para que nos sirva también cuando nos llegue la hora.

La ayuda más eficaz solo puede venir de un refugio último, de algo que nos sirva en el momento del trance, en el bardo y las vidas siguientes. Un refugio así, capaz de ayudarnos en esta vida y en las futuras, ha de venir de alguien que esté libre de temor y sea capaz de dar protección frente al sufrimiento de los reinos inferiores en particular y del samsara en general. Es absurdo buscar protección en quien se encuentra en la misma situación que nosotros. Un auténtico objeto de refugio es un ser iluminado, otro digno objeto de refugio es su Dharma o enseñanza, y también lo son aquellos que tienen experiencia del sendero, la Sangha.

Tomar refugio nos ayuda a vivir mejor en esta vida, eliminando obstáculos y dificultades y también nos prepara para las futuras. Para tomar refugio correctamente necesitamos dos condiciones: temor y convicción. Si uno toma refugio impulsado por el temor a renacer en los dolorosos reinos inferiores o en cualquier reino del samsara y, además, está convencido del poder de las Tres Joyas no hay duda de que recibirá protección. Si faltan estos dos componentes, no recibiremos mucho de los objetos de refugio. Ello no significa que carezcan de poder o deseo de ayudarnos, será que por nuestra parte adolecemos de algún requisito necesario para que esta ayuda se materialice.

Recordando su significado, empezamos la sadhana de Chenrezig recitando tres veces la oración de refugio y bodhichita. Puesto que no existe un lugar que no esté impregnado por el Cuerpo de la Verdad de un buda, resulta casi innecesario visualizar los objetos específicos de refugio. Al recitar la oración de refugio podemos pensar que va dirigida a los budas que residen en las diez direcciones, que las experiencias espirituales perfectas son el Dharma auténtico y que los seres aryas –aquellos que han percibido directamente la vacuidad– son la Sangha.

Generar la bodhichita tiene como objetivo purificar negatividades. Cualquier negatividad cometida debe haberlo sido bien contra las Tres Joyas o contra los seres conscientes. La simple recitación de la oración proporcionará, ciertamente, algún beneficio, pero si no va acompañada de una consideración especial por nuestra parte con respecto a tales faltas, será mínimo. Para rendir tributo a la enseñanza budista por encima de otras escuelas externas, nos refugiamos en Buda, Dharma y Sangha; para mostrar la superioridad de la enseñanza mahayana sobre la hinayana, recitamos la bodhichita.

Tratamos de despertar la bodhichita, según reza la oración, cultivando el deseo de alcanzar la Budeidad para beneficio de todos. En este punto, podemos recordar las instrucciones al respecto que se encuentran en el capítulo de *Los Tres aspectos del camino*.

La práctica de Chenrezig tiene distintas sadhanas y en alguna de ellas, el meditador se genera bajo el aspecto de Chenrezig, en otras la deidad se visualiza en el espacio frente al practicante; este es el caso de la presente sadhana, compuesta por el gran yogui Tang Tong Gyalpo. Originalmente es muy breve, sin embargo, he añadido una sección de práctica dedicada a reflexionar en los *Ocho versos de adiestramiento mental*.

Visualización de Arya Chenrezig

Sobre mi coronilla y la de todos los seres conscientes, infinitos como el espacio, hay un loto blanco con un disco lunar sobre el que reposa la letra HRIH que se transforma en Arya Chenrezig. Su cuerpo blanco traslúcido emana luces de cinco colores.

Su rostro muestra una expresión sonriente y nos contempla con ojos compasivos. Tiene cuatro brazos. Sus dos primeras manos están unidas a la altura del corazón y con las otras dos sostiene un rosario de cristal y un loto blanco, respectivamente.

Su cuerpo está adornado con sedas y joyas preciosas y una piel de antílope cruza su pecho izquierdo y espalda. Buda Amitabha adorna su coronilla. Se sienta con las dos piernas cruzadas en la postura vajra y una luna límpida le provee soporte por detrás. Él es la unificación de todos los objetos de refugio.

En esta sadhana el practicante imagina que Chenrezig se genera encima de su coronilla, tal y como describe la oración. No deberíamos ver a Chenrezig como una entidad externa sin relación con nosotros, sino más bien siendo de la misma naturaleza que la de nuestro lama personal. Este ejercicio nos permite recibir bendiciones rápidamente.

En la coronilla de Chenrezig visualizamos una *om* blanca, en su garganta una *ah* roja y en su corazón una *hum* azul. Simbolizan respectivamente, el cuerpo, palabra y mente de un ser iluminado. De la sílaba HRIH en su corazón surgen rayos de luz hacia la tierra pura del Potala para atraer las bendiciones de los budas que caen sobre él como una lluvia de Chenrezigs, son los denominados seres de sabiduría.

A nuestro alrededor, llenando todo el espacio imaginamos una multitud de seres masculinos y femeninos bajo el aspecto de nuestro padre y madre, respectivamente. Tanto en nuestra coronilla como en la de todos ellos hay un loto de cien mil pétalos, encima del cual se halla un disco lunar, en cuyo centro reposa la sílaba blanca HRIH. Esta sílaba se transforma en el Buda Chenrezig. Tiene un rostro y cuatro manos, dos de ellas unidas en el corazón sosteniendo una gema que concede todos los deseos, símbolo de su compasión. La segunda mano derecha sostiene un rosario de cristal, símbolo de su capacidad para liberar a los seres que nos recuerda la necesidad de recitar su mantra. La izquierda sostiene el tallo de una flor utpala azul, símbolo de su compasión y bodhichita. Chenrezig lleva adornos hechos de joyas preciosas y viste preciosos ropajes de seda. Una piel de antílope le cruza el pecho desde su hombro izquierdo, representando su naturaleza amable y su capacidad para subyugar los engaños mentales.

Su cuerpo es blanco, radiante y emite rayos de cinco colores diferentes; es como la visión de una brillante montaña nevada. Sonríe y observa a todos los seres con compasión y amor. Está sentado en la postura vajra y adornando su coronilla está su maestro, Amitabha. Apoya su espalda en un disco lunar y, aunque aparece, hemos de considerarle desprovisto de existencia inherente y como la síntesis de todos los maestros y los yidams.

El Buda Chenrezig tiene una conexión muy especial con las gentes de este mundo y, confiándonos a él, podremos generar sin dificultades sentimientos de afecto y compasión hacia todos los demás.

Oración de las siete ramas

Respetuosamente me postro con las tres puertas.

Os ofrezco nubes con todo tipo de ofrendas, materialmente dispuestas y creadas con la imaginación.

Confieso todas mis transgresiones y acciones negativas creadas desde tiempo sin principio.

Me regocijo de todas las virtudes de los seres superiores y ordinarios.

Por favor, permaneced con nosotros hasta el vacío del samsara.

Girad la rueda del Dharma a los seres migratorios.

Dedico mis propias virtudes y las de los demás para el logro de la gran Iluminación.

Tras construir la visualización de Chenrezig en nuestra coronilla, recordemos que deseamos obtener experiencias del sendero que conduce a la Iluminación y, en particular, ser capaces de llegar al momento de la muerte en un estado mental virtuoso. Para ello es vital acumular mérito y purificar nuestra energía negativa. Esto no se consigue solo leyendo, es necesario practicar y la mejor manera de hacerlo es por medio de la oración de las siete ramas, indispensables tanto en la práctica de sutra como en el tantra –la versión de arriba es la breve–. Mientras recitamos la oración pensamos en su significado tal y como se explica a continuación:

La postración.

Hay tres tipos de postración: física verbal y mental. La física puede ser media o completa, la verbal consiste en expresar los nombres de los seres iluminados o dirigirles alabanzas, y la mental consiste en generar fe hacia ellos. La postración es un antídoto al orgullo.

El ofrecimiento.

Aunque se pueden exponer en el altar cosas bellas como perfume, agua limpia, flores, incienso, luz y tantísimos objetos, también es posible imaginar las cosas más bellas y ofrecerlas a Chenrezig. Podemos ofrecer comida, bebida, flores, incienso, montañas, lagos, paisajes... Es muy importante ofrecerlo sinceramente y pensar que Chenrezig ha aceptado deleitado lo ofrecido y ha generado un gozo genuino. El ofrecimiento contrarresta la avaricia.

La confesión.

Confesamos las negatividades por medio del arrepentimiento y la determinación de no reincidir en ellas. La confesión es el antídoto a las negatividades y es muy importante porque, desde tiempo sin principio, venimos acumulando acciones de ésta naturalezas que permanecen en forma de semillas kármicas en nuestro interior y cuyo resultado madurará en el futuro. La medida preventiva es reconocer dichas negatividades para que sean purificadas y no puedan producir el resultado que deberían, especialmente durante el proceso de la muerte.

Para purificar, el poder oponente del arrepentimiento y el de la promesa o determinación, son imprescindibles. Pero para que la purificación sea completa necesitamos, además, el poder oponente del objeto –tomar refugio y generar bodhichita– y el poder oponente del antídoto que, en este contexto, sería la recitación del mantra de Chenrezig.

El regocijo.

Nos alegramos de todos los actos positivos propios y de los efectuados por los demás. Si nos regocijamos de nuestros propios actos positivos del pasado, el mérito acumulado se multiplicará. Cuando los demás progresan en el plano material o espiritualmente, hemos de alegrarnos y no sentir celos. Regocijarse contrarresta la envidia.

Suplicar a los budas que hagan girar la rueda del Dharma.

Esta súplica es el antídoto a cualquier tipo de karma derivado de haber abandonado el Dharma.

Suplicar a los budas que no mueran.

Hacer esta práctica nos ayuda a acumular mérito y a aumentar nuestro propio espacio de vida. De hecho, no es necesario hacerle esta suplica a Chenrezig ya que su Cuerpo del Deleite no está sometido a la muerte.

Dedicar.

Aunque, ciertamente, llevamos a cabo acciones positivas, los méritos que generan son mínimos porque el acto no es completo. Nos falta la motivación al principio, la atención necesaria mientras dura y la dedicación al final; es esencial mezclar nuestro pequeño mérito con el gran mérito de todos los budas, aryas y seres ordinarios. Si dedicamos el mérito para obtener, por ejemplo, un buen renacimiento en la vida futura, cuando lo obtengamos estos méritos habrán sido consumidos. Si se dedican para alcanzar la Liberación ocurrirá lo mismo pero, si los dedicamos para el logro final de la Iluminación, estos méritos no se agotarán hasta que todos los seres hayan llegado a este estado. Según palabras del propio Buda, serán como una gota de agua vertida en el océano que no se secará hasta que el océano entero se haya secado. Para obtener la Budeidad hemos de acumular virtud y abandonar lo negativo, porque el obstáculo a las realizaciones espirituales, son las negatividades.

Ofrecimiento del Mandala

Os ofrezco esta base con flores ungida de incienso, con el Monte Meru, los cuatro continentes, el sol y la luna, percibida como una tierra pura de buda. Que todos los seres migratorios puedan disfrutar de una tierra pura.

Reconociendo que todos los desdichados seres han sido mi madre y que repetidas veces han cuidado de mí con ternura y cariño, suplico vuestras bendiciones para que nazca en mí una compasión espontánea como la que siente una madre por su hijo querido.

idam guru ratna mandalakam niryatayami

En el ofrecimiento del mandala entregamos a Chenrezig y a todos los budas nuestras virtudes acumuladas en el pasado, presente y futuro bajo el aspecto de la montaña mitológica, el Monte Meru, y los continentes mitológicos que la rodean, ofrecemos también el sol y la luna.

El sentido de este ofrecimiento es poder recibir bendiciones y llegar a ser capaces de despertar amor y compasión puros, como el que profesaría una madre a su único hijo.

Alabanza a Arya Chenrezig

Tu cuerpo de inmaculada blancura está libre de faltas y tu coronilla graciosamente adornada con un buda iluminado; con tu mirada compasiva contemplas a los seres migratorios, ante ti, Chenrezig, me postro.

Esta alabanza nos recuerda las cualidades de cuerpo, palabra y mente de Chenrezig. Al decir que su "cuerpo de inmaculada blancura está libre de faltas", expresamos las cualidades del Cuerpo de Emanación del Buda Chenrezig. "Tu coronilla graciosamente adornada con un buda iluminado", hace referencia al Cuerpo del Deleite de Chenrezig. Cuando la oración se refiere al buda en su coronilla, habla del Buda Amitabha, su guía espiritual, y con ello nos enseña que aún después de llegar a la Iluminación, el discípulo respeta a su maestro. "Con tu mirada compasiva contemplas a los seres migratorios", se refiere al Cuerpo de la Verdad. Cuenta la historia que Chenrezig se comprometió delante de Buda Amitabha a ayudar a los seres con las siguientes palabras: "Que nunca abandone ni por un instante el deseo de ayudar a los demás hasta que todos estén liberados. Si pensara en mi propia felicidad, que estalle mi cabeza en diez trozos y se rompa mi cuerpo en mil pedazos, como pétalos de un loto".

Chenrezig se desesperó porque, a pesar de su intensa dedicación, percibió que muchos seres seguían en el samsara por culpa de sus engaños. Pensó para sí mismo: "Es inútil, será mejor que me dedique sólo a mi propia felicidad". Tan pronto como formuló dichos pensamientos, por el poder del voto tomado ante Amitabha, su cabeza se partió en diez trozos y su cuerpo en mil pedazos. Inmerso en un sufrimiento insoportable, Chenrezig sollozó el nombre de Amitabha que apareció ante él y reparó su cuerpo maltrecho, transformándolo en un cuerpo de mil brazos para poder llevar a cabo actividades en beneficio de los seres y diez cabezas pacíficas más una iracunda, para poder observar a los seres de todas las direcciones.

Súplica de los cinco grandes objetivos

A ti Arya Chenrezig, tesoro de compasión, y a tu séquito os ruego que me escuchéis.

Os suplico que nos rescatéis cuanto antes a mí y a todos mis padres y madres —las seis clases de seres conscientes— del océano del samsara.

Haced que generemos pronto en nuestro continuo mental el extenso y profundo Dharma de la insuperable bodhichita.

Os ruego que con vuestro néctar compasivo nos purifiquéis sin dilación del karma y negatividad que hemos acumulado desde tiempo sin principio.

Y con vuestras manos compasivas guiadnos por favor, con diligencia, a mí y a todos los seres migratorios, a la Tierra Pura del Gozo.

¡Oh! Poderosos Amitabha y Chenrezig, os ruego que en las vidas futuras seáis nuestros Guías Espirituales, nos mostréis el sendero correcto y nos conduzcáis con diligencia al estado de la Budeidad.

Con esta oración imploramos a Chenrezig y a su séquito que nos ayuden a generar la bodhichita rápidamente. Decimos que es profunda porque es el corazón del sendero mahayana y extensa porque es el fundamento de las inagotables actividades de los bodhisatvas.

Le imploramos que con el agua de su compasión lave nuestra mente de acciones negativas y engaños. Que extienda sus manos y nos lleve a su tierra pura por la fuerza de su compasión. Suplicamos que, tanto él como Amitabha, sean nuestros maestros espirituales y nos muestren el sendero, vida tras vida, hasta llegar al estado de buda.

La práctica

Los que tienen la suerte de escuchar esta enseñanza de boca de un lama, reciben la transmisión oral del comentario de los *Ocho versos*. Yo he tenido la inmensa fortuna de haber recibido el comentario de S. S. el Dalai Lama y de mi maestro raíz, Trijang Rimpoché.

De los muchos discípulos que tuvo el famoso Dromtompa, Langri Tangpa y Sharawa fueron conocidos como sus discípulos sol y luna. Langri Tangpa, el autor de los *Ocho versos* era un meditador experto en la compasión y siempre tenía presente el sufrimiento de los demás. Por su carácter solía tener una expresión seria, meditaba en sitios apartados como la orilla de un río o la montaña y era conocido entre su gente como "el del rostro sombrío". Puesto que el objetivo de esta sadhana es desarrollar compasión, adiestrar la mente tal y como sugieren los ocho versos, es vital. Podemos empezar la práctica recitando la primera estrofa:

1. Determinado a obtener el mayor beneficio posible para ayudar a todos los seres conscientes, más preciosos que la joya que colma todos los deseos, voy a considerarlos en todo momento como lo más querido.

Pensemos en su significado con estas reflexiones:

Según la mitología budista, hacer súplicas a una joya que concede todos los deseos colocada sobre una bandera de la victoria, garantiza que todas las aspiraciones temporales se verán cumplidas, no obstante, todo lo obtenido tan solo será de beneficio en esta vida. Los seres conscientes, en cambio, nos benefician más y son más amables con nosotros que la joya que concede todos los deseos, ya que gracias a ellos experimentamos beneficios en esta vida y en las futuras.

Gracias a ellos, por ejemplo, obtenemos nuestra comida, ropa y demás comodidades. Y lo que es más importante, todo lo que gozaremos en las vidas futuras se lo debemos a ellos también. Para obtener la Iluminación necesitamos la práctica de las seis perfecciones que dependen de los demás. Por otra parte, para conseguir un perfecto renacimiento humano en nuestra próxima vida necesitamos unas causas muy particulares, entre ellas, practicar ética, y la ética sólo se puede practicar con los demás. Para ser rico en las vidas futuras no basta con desearlo, hace falta ser generosos en el presente y ¿hacia quién dirigir nuestra generosidad? Hacia los otros, sin duda. Tener una apariencia agradable en el futuro depende de lo pacientes que seamos ahora, es decir, que sin un enemigo que provoque nuestro odio, no sería posible ejercitar la paciencia. En *Guía a la forma de vida del bodhisatva,* Shantideva dice que para llegar a la Iluminación necesitamos a los budas y a los seres conscientes; entonces, si respetamos a los budas ¿por qué no hacer lo propio con los seres conscientes?

Puesto que todos los seres conscientes son tan preciados como la joya que colma todos los deseos, les debemos considerar en todo momento como lo más querido.

2. Cuando esté en compañía de otros voy a situarme por debajo de ellos y, desde el fondo de mi corazón, voy a tenerlos como lo más querido y supremo.

El objetivo de este verso es contrarrestar nuestro orgullo. Una persona orgullosa no respeta a los demás ya que está convencida de que nadie hay tan especial como ella misma. Esta actitud impide que fluyan las cualidades. Para eliminar el orgullo, cuando estemos acompañados debemos ejercitarnos pensando que somos inferiores a los demás. Es correcto pensar así porque, en realidad, no somos tan especiales como creemos; todos nuestros actos están teñidos de ignorancia, odio, apego o sus derivados. ¿Por qué sentirse tan especial?

Criticar a los demás es una costumbre habitual pero no es aconsejable porque no sabemos con certeza las realizaciones espirituales de quien es objeto de nuestras críticas; ¡podría tratarse de un bodhisatva! Pero al pensar en nosotros mismos no hemos de sentirnos demasiado satisfechos porque a pesar de haber obtenido un perfecto renacimiento humano, lo desaprovechamos sin miramientos. Un insecto no puede actuar mejor de lo que lo hace, ya que no tiene capacidad ni inteligencia para discernir entre bien y mal. En cambio, nosotros pese a tener esta capacidad, no la ejercitamos. No sería en absoluto exagerado aseverar que, en este sentido, somos peores que un insecto.

Según el Buda, quien es dominado por el orgullo no obtendrá la Iluminación, porque cree no necesitar más cualidades de las que ya tiene. Nada puede crecer en la cima de una montaña porque el agua cae en cascadas hacia los valles, que sí son ricos en vegetación. Puesto que el orgullo nos impide respetar sinceramente a los demás, como técnica para combatirlo, nos esforzamos por vernos inferiores a ellos. Esta actitud es interna y no significa que "de verdad" seamos seres inferiores o despreciables; es un método para combatir la vanidad que nos impide respetar sinceramente a los demás.

Quizás dudemos de la eficacia de esta reflexión y pensemos que es contraproducente, especialmente para personas con tendencia a culpabilizarse. Es importante remarcar que esta línea de pensamientos ha de usarse *sólo* en ocasiones. Evidentemente, al que está deprimido le conviene recrearse en los aspectos positivos de su potencial humano. Pero si el orgullo nos hace pensar: "soy el mejor", "lo mío es lo mejor", "mi conocimiento es insuperable", es cuando tenemos que echar mano de los razonamientos antes descritos.

3. En el momento en que un error aparezca poniéndome en peligro a mí y a los demás, voy a afrontarlo y rechazarlo sin pérdida de tiempo.

En la vida cotidiana, trabajando o disfrutando nuestro tiempo de ocio, deberíamos comprobar la calidad de nuestros pensamientos y estar en todo momento preparados para detectar y afrontar cualquier engaño. Pero ¿cuál es la fórmula para destruir engaños como el odio, el apego, la envidia y otros? Pensar constantemente en sus desventajas. Deberíamos tener la actitud de gueshe Ben Gungyel: "En todo momento vigilo mi mente por si la subyugan o no los engaños; si aparecen, estoy preparado para combatirlos y cuando no surgen, me relajo".

La función del engaño es hacernos desgraciados; aunque todo el mundo se levantase en nuestra contra, lo único que podrían hacernos sería acabar con nuestra vida, en cambio, si nos vence el odio u otro engaño, nos perjudica en esta vida y en las futuras. Los enemigos externos no tienen el poder de llevarnos a los reinos inferiores, cosa que sí pueden hacer los engaños.

En vez de perder tanta energía buscando defectos en los demás deberíamos examinar los propios. Esto implica observar nuestro comportamiento cuando caminamos, comemos o nos vamos a dormir. Tan pronto como detectemos un engaño evitemos caer bajo su influjo pensando en sus desventajas. Por ejemplo, cuando se manifiesta el odio, recordemos que nos roba la paz a nosotros y a quienes nos rodean, y que nos perjudica en esta vida y en las futuras.

4. Siempre que vea a seres malvados, oprimidos por sus acciones violentas y por sus sufrimientos, voy a considerarlos igual que si hubiese encontrado un valioso tesoro.

Cuando nos encontramos con seres de naturaleza perniciosa, no debemos dar demasiada importancia a lo que piensan ni a cómo actúan. Quien habla mal de los demás o disfruta señalando sus faltas, no hace más que encaminarse hacia los reinos inferiores. Cuando personas así nos perjudiquen, considerémoslos como un tesoro e intentemos ayudarlos en la medida que nos sea posible. Son como amigos espirituales que nos ayudan a generar compasión ¿Qué futuro les va a deparar tanta maldad? Son realmente objetos de compasión.

5. Cuando movidos por la envidia, los demás me maltraten con injurias, insultos y menosprecio, voy a aceptar la derrota y ofrecer la victoria.

Cuando Gueshe Chekawa leyó este verso pensó, sorprendido, ¿cómo es posible dar la victoria a los demás cuando caprichosamente y sin razón nos critican o maltratan? Gueshe Sharawa le respondió: "Si quieres la Iluminación necesitas esta actitud".

Gueshe Langri Tangpa dijo una vez: "Cuando alguien impulsado por la envidia te critica, piensa en lo amable que es y no busques venganza; los beneficios que recibes de reaccionar así son inmensos, mucho mayores que si hicieras ofrecimientos a miles de monjes". Cuando somos objeto de críticas, a pesar de ser inocentes, debemos aceptarlo. Este es el sentido de aceptar una derrota, algo difícil de poner en práctica, pero muy beneficioso.

6. Cuando alguien a quien he beneficiado y en quien tengo grandes esperanzas, me haga un daño terrible, voy a considerarle como a mi santo gurú.

En muchas ocasiones, quienes han recibido nuestro cariño y cuidados nos lo agradecen devolviendo maldad. Si esto nos sucede hemos de pensar así:

"Esta persona a quien tanto he ayudado paga mi amabilidad con odio, pero ello es debido a algún acto negativo que he cometido en mis vidas previas. En realidad me ayuda a que este karma negativo madure ahora y no tenga que renacer en un reino inferior como animal o en un infierno. ¡Qué gran favor me hace! Es como mi guía espiritual.

Puesto que actúa incorrectamente es definitivo que va a experimentar resultados negativos por su acción. De hecho, yo voy a ser la causa de que experimente resultados negativos en el futuro.

No hay peor negatividad que el odio ni mejor práctica que la paciencia.

7. Finalmente, ofrezco lo bueno que hay en mi a mis madres. Voy a asumir en secreto sus malos actos y sufrimientos.

El verso empieza así: "Finalmente", dando a entender que también se dedican los méritos de haber practicado los versos anteriores. Este verso habla también de la meditación del *tong len*, la práctica de dar y tomar; una explicación detallada de dicha técnica, capaz de despertar amor, compasión y transformar nuestra actitud ante cualquier dificultad, se encuentra en mi libro, *Cambia tu corazón, transforma tu vida*, aunque, resumiéndola, éste sería el razonamiento a utilizar para soportar mejor los momentos difíciles: "Igual que yo, los innumerables seres pasan por situaciones adversas. Pueda todo el sufrimiento que yo experimento ser la causa de su liberación y pueda todo mi dolor mitigar el de ellos". Podemos acompañar el razonamiento con la visualización de humo negro al inhalar, simbolizando que absorbemos su sufrimiento y luz blanca al exhalar, simbolizando que entregamos así nuestra felicidad. Esto destruye nuestro egoísmo, representado como una llama encendida en nuestro corazón que va haciéndose más y más pequeña con cada inhalación. Pero si dar felicidad a los demás y tomar su sufrimiento nos parece difícil, podemos aplicarnos esta técnica a nosotros mismos. Es decir, si estamos pasando por una mala racha, pensemos que todas aquellas experiencias dolorosas que todavía nos quedarían por vivir debido a la acumulación de karma negativo en nuestra consciencia, están madurando ahora.

Lejos de ser peligroso, meditar de esta manera nos ayuda a reducir el dolor de algunas enfermedades e incluso eliminarlas, nunca añadirá más malestar. Además, esta técnica nos permite transformar nuestras circunstancias adversas en camino de crecimiento.

8. Percibiendo que todos los fenómenos son ilusorios, mantendré estas prácticas. Limpio de las manchas de los ocho dharmas mundanos liberaré a todos los seres del control de sus engaños y su karma.

Esta estrofa introduce el significado de la vacuidad. Tanto el objeto de nuestra práctica de *tong len,* los seres conscientes, como quien medita, uno mismo, y la práctica de meditar en sí, son un mero nombre sobre su base de imputación. El verso dice "limpio de las manchas de los ocho dharmas mundanos", pero podríamos añadir también "del concepto de existencia esencial", entendiendo que todos los fenómenos son ilusorios.

Las siete primeras estrofas nos hablan de la bodhichita convencional —despertar el deseo de llegar al estado de buda para beneficio de todos los seres—. La octava nos habla de la bodhichita última —meditar en la vacuidad impulsado por la bodhichita convencional—.

Se mencionan los "ocho dharmas mundanos" y aquí tienen dos connotaciones diferentes. La primera alude a nuestra obsesión por lo siguiente: acumular posesiones y evitar perderlas, ser felices y dejar de serlo, tener buena reputación y evitar la mala fama y, por último, conseguir halagos y evitar las críticas. La segunda connotación entraña dejar de percibir y concebir los fenómenos como si tuvieran una existencia esencial o inherente.

Tras reflexionar en cada uno de estos versos se puede hacer una visualización para purificar, recibir bendiciones y vivir la experiencia del verso particular. Tal y como señala la sadhana en este punto, pensemos del siguiente modo:

Desde la sílaba semilla HRIH, sobre un loto y una luna en el corazón de Avalokiteshvara, fluye hacia abajo una corriente de néctar blanco que entra por nuestra coronilla y llena todo nuestro cuerpo. Los obstáculos que nos impiden las experiencias del camino a la Iluminación son purificados, especialmente el pensamiento egoísta que nos priva de considerar a los otros como lo más querido. Nos invade una ola de experiencias internas, especialmente la bodhichita compasiva.

Estas estrofas sirven para mejorar nuestra compasión. Siempre hemos vivido alrededor de una idea básica: "yo soy más importante que los demás" y no nos damos cuenta de que este reflejo inconsciente es el obstáculo principal frente a sentimientos de solidaridad y compasión. Sobreestimarnos a nosotros mismos y no valorar suficientemente a los demás son la causa principal de casi todos nuestros problemas. La esencia de la práctica del adiestramiento mental es cambiar nuestros hábitos: en vez de pensar que somos tan importantes nos ejercitamos en darles mayor valor a los demás.

Cambiar la actitud de estimarse a uno mismo por la de estimar a los demás, requiere un adiestramiento comprometido y para llevar a cabo esta transformación, hacen falta razonamientos lógicos que refuercen nuestra convicción. En la tradición kadampa existen alrededor de cien textos de adiestramiento mental. Uno de los más breves es el de *Ocho versos de adiestramiento mental*, aunque todos ellos se basan en *Guía a la forma de vida del bodhisatva*. Si uno estudia a fondo estos textos podrá percibir la profundidad de la enseñanza budista, en particular la tibetana. Cuanto más se estudia el Dharma más se comprende, y cuanto más se comprende, mejor se medita. Todas las enseñanzas del budismo tibetano son beneficiosas para la mente, pero de manera muy particular lo son los textos de adiestramiento mental o *Lo jong*, porque nos dan la clave para transformar las circunstancias adversas en el camino espiritual.

Tras reflexionar en los ocho versos podemos recitar el mantra de Chenrezig tal y como continúa la sadhana:

Visualización para la recitación del mantra

Como fruto de nuestras fervorosas súplicas, Arya Chenrezig emana de su cuerpo rayos de luz que purifican todas las apariencias kármicas impuras y las percepciones erróneas. El medio ambiente se transforma en la tierra pura del Gozo, y el cuerpo, palabra y mente de todos sus habitantes se transforman en el cuerpo, palabra y mente de Chenrezig. Todas las apariencias, sonidos y concepciones devienen inseparables de la vacuidad.

OM MANI PEDME HUM

El mantra de Chenrezig es, por así decirlo, el más popular de todos los mantras. *Om* es la combinación de tres sílabas *ah hu ma,* que simbolizan el cuerpo, palabra y mente de Buda Chenrezig. *Mani* significa gema y *pedme* loto. Chenrezig es pues "el que sostiene una gema y un loto". *Hum* significa "llena con tus bendiciones mi continuo mental". Cuando pronunciamos la sílaba *hum,* pensamos que realmente toda la energía de Chenrezig entra en nuestro continuo mental y el de los demás.

Recitar el mantra nos acerca al estado iluminado de la deidad. Por esta razón los retiros de mantra se conocen como Aproximación (Tib: *Lerun*). Igual que repitiendo el nombre de alguien llamamos su atención, si pronunciamos el nombre de Chenrezig, Él nos escuchará.

Los beneficios de recitar el mantra de Chenrezig son innumerables, pero resumiéndolos, nos guarda de renacer en los seis reinos del samsara y nos ayuda a conseguir las seis perfecciones. El objetivo de recitar mantras es solicitar la ayuda de los seres realizados y acercarnos a la deidad. Actualmente la deidad está lejos de nosotros, pero por medio de recitar su mantra nos acercamos a ella. Puesto que Chenrezig es la manifestación de la compasión de todos los budas, su mantra activa nuestra propia compasión. Y entendiendo que la gran compasión es la causa primaria de la bodhichita, hacemos méritos para convertirnos en bodhisatvas.

Al recitar imaginamos que, por la fuerza de nuestras súplicas, del cuerpo de Chenrezig salen rayos de luz que purifican y transforman en Tierras Puras todo lo que tocan a su paso llegando a abarcar el universo entero. Estos rayos tocan a todos los seres, quienes pacifican sus acciones negativas y engaños, reciben las bendiciones de cuerpo, palabra y mente de Chenrezig y llegan a su mismo estado.

Finalmente, recitamos la oración siguiente pensando en su significado.

Los tres reconocimientos

Mi forma física y la de los demás son manifestaciones del cuerpo de Arya Chenrezig, todos los sonidos son manifestaciones del mantra de seis sílabas, y todas las actividades mentales son manifestaciones de su excelsa sabiduría.

Este verso nos invita a tres maneras nuevas de pensar. Todo lo que aparece ante nuestros ojos son apariencias de la naturaleza del cuerpo de Chenrezig; todos los sonidos, agradables o desagradables, son manifestaciones del mantra de seis sílabas y todos los pensamientos ocurren en la mente omnisciente de Chenrezig.

Dedicación

Que gracias a estas virtudes alcance rápidamente el estado de Arya Chenrezig para poder conducir a todos los seres conscientes, sin excepción, al estado iluminado. Que la preciosa mente de la bodhichita surja en quienes aún no ha nacido y, en quienes ha nacido, que no degenere sino que aumente sin cesar.

Cuando al final dedicamos los méritos lo hacemos para que nuestra práctica sea causa para poder morir en paz, sin engaños y poder atravesar el bardo sin dificultades. Por último, pedimos ser rescatados por Buda Chenrezig o hallar un renacimiento apropiado para seguir la práctica del Dharma y llegar a la Iluminación para beneficio de todos los seres conscientes.

Mantra de Chenrezig

Sadhana de Chenrezig

Refugio y generación de la bodhichita

Me refugio en Buda, el Dharma y la Sangha hasta que alcance la Iluminación. Que por los méritos que acumule con la práctica de la generosidad y otras perfecciones, pueda alcanzar el estado de buda para poder beneficiar a todos los seres conscientes. (x3)

Visualización de Arya Chenrezig

Sobre mi coronilla y la de todos los seres conscientes, infinitos como el espacio, hay un loto blanco con un disco lunar sobre el que reposa la letra HRIH que se transforma en Arya Chenrezig. Su cuerpo blanco traslúcido emana luces de cinco colores. Su rostro muestra una expresión sonriente y nos contempla con ojos compasivos. Tiene cuatro brazos. Sus dos primeras manos están unidas a la altura del corazón y con las otras dos sostiene un rosario de cristal y un loto blanco respectivamente. Su cuerpo está adornado con sedas y joyas preciosas y una piel de antílope cruza su pecho izquierdo y espalda. Buda Amitabha adorna su coronilla. Se sienta con las dos piernas cruzadas en la postura vajra y una luna límpida le provee soporte por detrás. Él es la unificación de todos los objetos de refugio.

Oración de las siete ramas

Respetuosamente me postro con las tres puertas. Os ofrezco nubes con todo tipo de ofrendas, materialmente dispuestas y creadas con la imaginación. Confieso todas mis transgresiones y acciones negativas creadas desde tiempo sin principio. Me regocijo de todas las virtudes de los seres superiores y ordinarios. Por favor, permaneced con nosotros hasta el vacío del samsara. Girad la Rueda del Dharma a los seres migratorios. Dedico mis propias virtudes y las de los demás para el logro de la gran Iluminación.

Ofrecimiento del Mandala

Os ofrezco esta base con flores ungida de incienso, con el Monte Meru, los cuatro continentes, el sol y la luna, percibida como una tierra pura de buda. Que todos los seres migratorios puedan disfrutar de una tierra pura. Reconociendo que todos los desdichados seres han sido mi madre y que repetidas veces han cuidado de mí con ternura y cariño, suplico vuestras bendiciones para que nazca en mí una compasión espontánea como la que siente una madre por su hijo querido.

idam guru ratna mandalakam niryatayami

Alabanza a Arya Chenrezig

Tu cuerpo de inmaculada blancura está libre de faltas y tu coronilla graciosamente adornada con un buda iluminado; con tu mirada compasiva contemplas a los seres migratorios, ante ti, Chenrezig, me postro.

Súplica de los cinco grandes objetivos

A ti Arya Chenrezig, tesoro de compasión, y a tu séquito os ruego que me escuchéis. Os suplico que nos rescatéis cuanto antes a mí y a todos mis padres y madres —las seis clases de seres conscientes— del océano del samsara. Haced que generemos pronto en nuestro continuo mental el extenso y profundo Dharma de la insuperable bodhichita. Os ruego que con vuestro néctar compasivo nos purifiquéis sin dilación del karma y negatividad que hemos acumulado desde tiempo sin principio. Y con vuestras manos compasivas guiadnos por favor, con diligencia, a mí y a todos los seres migratorios, a la Tierra Pura del Gozo. ¡Oh! Poderosos Amitabha y Chenrezig os ruego que en las vidas futuras seáis nuestros Guías Espirituales, nos mostréis el sendero correcto y nos conduzcáis con diligencia al estado de la Budeidad.

La Práctica

1. Determinado a obtener el mayor beneficio posible para ayudar a todos los seres conscientes, más preciosos que la joya que colma todos los deseos, voy a considerarlos en todo momento como lo más querido.

2. Cuando esté en compañía de otros voy a situarme por debajo de ellos y desde el fondo de mi corazón voy a tenerlos como lo más querido y supremo.

3. En el momento en que un error aparezca poniéndome en peligro a mí y a los demás, voy a afrontarlo y rechazarlo sin pérdida de tiempo.

4. Siempre que vea a seres malvados, oprimidos por sus acciones violentas y por sus sufrimientos, voy a considerarlos igual que si hubiese encontrado un valioso tesoro.

5. Cuando, movidos por la envidia, los demás me maltraten con injurias, insultos y menosprecio, voy a aceptar la derrota y a ofrecer la victoria.

6. Cuando alguien a quien he beneficiado y en quien tengo grandes esperanzas, me haga un daño terrible, voy a considerarlo como a mi santo gurú.

7. Finalmente, ofrezco lo bueno que hay en mi a mis madres. Voy a asumir en secreto sus malos actos y sufrimientos.

8. Percibiendo que todos los fenómenos son ilusorios, mantendré estas prácticas. Limpio de las manchas de los ocho dharmas mundanos liberaré a todos los seres del control de sus engaños y karma.

Visualización para la práctica:

Desde la sílaba semilla HRIH, sobre un loto y una luna en el corazón de Avalokiteshvara, fluye hacia abajo una corriente de néctar blanco que entra por nuestra coronilla y llena todo nuestro cuerpo. Los obstáculos que nos impiden las experiencias del camino a la Iluminación son purificados, especialmente el pensamiento egoísta que nos priva de considerar a los otros como lo más querido. Nos invade una ola de experiencias internas, especialmente la bodhichita compasiva.

Visualización para la recitación del mantra

Como fruto de nuestras fervorosas súplicas, Arya Chenrezig emana de su cuerpo rayos de luz que purifican todas las apariencias kármicas impuras y las percepciones erróneas. El medio ambiente se transforma en la Tierra Pura del Gozo, y el cuerpo, palabra y mente de todos sus habitantes se transforman en el cuerpo, palabra y mente de Chenrezig. Todas las apariencias, sonidos y concepciones devienen inseparables de la vacuidad.

OM MANI PEDME HUM

Los tres reconocimientos

Mi forma física y la de los demás son manifestaciones del cuerpo de Arya Chenrezig, todos los sonidos son manifestaciones del mantra de seis sílabas, y todas las actividades mentales son manifestaciones de su excelsa sabiduría.

Dedicación

Que gracias a estas virtudes alcance rápidamente el estado de Arya Chenrezig para poder conducir a todos los seres conscientes, sin excepción, al estado iluminado.

Que la preciosa mente de la bodhichita nazca en quienes aún no ha nacido, y en quienes ha nacido que no degenere, sino que aumente sin cesar.

Glosario

Acciones y sus efectos (karma). La palabra sánscrita *karma* literalmente significa *acción.* El factor mental "intención" es el *karma* auténtico. Por la fuerza de la intención creamos acciones con nuestro cuerpo, palabra y mente. El efecto de las acciones virtuosas es felicidad y el resultado de las acciones negativas es sufrimiento.

Agregado. Los diversos componentes físicos y mentales de los que consta una persona: forma, sensación, discernimiento, consciencia y factores composicionales.

Arya. Literalmente, "ser noble". Alguien que ha progresado en el sendero espiritual hasta el punto en que ha obtenido una comprensión o comprensión directa de la vacuidad.

Arhat. Un ser liberado que está libre de los engaños y ha obtenido el Nirvana.

Amitabha. Manifestación del agregado del discernimiento de todos los budas. Tiene el cuerpo de color rojo.

Bardo. Estado intermedio entre la muerte el renacimiento.

Bendiciones. Oleadas de inspiración. Gracia. La influencia que emana de un ser iluminado y que inspira al practicante en su práctica espiritual.

Bodhisatva. Un ser que ha generado la mente espontánea de la bodhichita. Desde el primer momento en que el practicante genera la bodhichita no artificial o genuina, se vuelve un bodhisatva y entra en el sendero de acumulación. Un bodhisatva ordinario es alguien que aún no ha experimentado la vacuidad directamente; un bodhisatva superior es aquel que ha obtenido una experiencia directa del vacío.

Buda. Un ser que ha abandonado completamente todos los engaños y sus impresiones. Buda Shakyamuni es el cuarto de los mil budas que aparecerán en este mundo. Los primeros tres fueron Krakuchchhanda, Kanakamuni y Kashyapa. El siguiente será Maitreya.

Budeidad. Iluminación. Nirvana superior.

Contemplación. Reflexionar sobre lo que ha sido aprendido. Precede a la meditación de emplazamiento.

Deidad (Skt. *yidam*). El término *deidad* se utiliza principalmente para referirse a budas y bodhisatvas que se visualizan bajo forma divina durante la práctica tántrica. Representan un aspecto específico del estado iluminado.

Dharma. Se refiere a las enseñanzas de Buda y a las realizaciones internas que se generan practicando estas enseñanzas.

Dharmakaya. El estado puro interno de los seres iluminados, que tiene dos aspectos: sabiduría pura y la naturaleza última pura de la mente de un ser iluminado.

Engaño. Cualquier emoción o concepción que altere y distorsione la consciencia.

Estado de Generación. La realización de un yoga creativo obtenido como resultado de una concentración pura llevando los tres cuerpos al sendero (en los que uno mentalmente se genera como deidad tántrica y el medio ambiente como el *mandala* de la deidad).

Estado de Consumación. Las realizaciones espirituales del Yoga tantra superior que se alcanzan al completar un método especial que provoca que los aires entren, permanezcan y se disuelvan dentro del canal central.

Existencia inherente, esencial. La aparente existencia de los fenómenos, independiente de partes, causas o del proceso de imputación conceptual. Lo que niega la vacuidad.

Existencia cíclica (Skt. *samsara*). Es el ciclo de muerte y renacimiento descontrolado que es impulsado por la fuerza de los engaños y las acciones contaminadas. Es la base para experimentar sufrimiento.

Factor mental. Hay seis mentes primarias: consciencia visual, auditiva, olfativa, gustativa, corporal y mental. Estas mentes primarias conocen el aspecto general de su objeto. Los factores mentales son las funciones diferentes de la mente que conocen los aspectos particulares de su objeto. Aunque hay incontables factores mentales, se dividen en cincuenta y uno. Entre estos hay algunos positivos como la fe, algunos negativos como el odio, y otros neutros como el sueño.

Gran gozo simultáneo. Un gozo especial que es producido al derretirse las gotas o *bodhichitas* dentro del canal central. Se consigue dominando los aires internos.

Guelugpa. El sistema de enseñanzas completas de Buda, tanto del sutra como del tantra, establecido por Lama Tsong Khapa en el S.XIV. *Guelug* significa un sistema de práctica inmaculado y completo.

Gueshe. Originalmente se refería a alguien cualificado como guía espiritual. En la tradición guelug ahora se usa como título para quien ha dominado la filosofía y técnicas de meditación budistas.

Guru. Lama. Maestro espiritual.

Guru raíz. El o los guías espirituales principales de quienes hemos recibido iniciaciones, instrucciones y transmisiones orales.

Hinayana. Vehículo espiritual para aquellos que buscan la propia liberación del sufrimiento.

Ignorancia. Raíz de la existencia cíclica. Desconocimiento de la manera en que las cosas existen o de cuál es su función.

Iluminación. Omnisciencia, Budeidad, Nirvana superior. Estado perfecto del ser. Estado iluminado.

Impresión. Semilla kármica. Las tendencias positivas, negativas y neutrales depositadas en la mente por la fuerza de las acciones. Son comparadas a semillas que en el futuro madurarán en forma de felicidad o sufrimiento.

Iniciación. Transmisión de poder. Un poder especial para obtener cualquiera de los cuatro cuerpos de un buda. Un practicante tántrico la recibe de su lama o de otros seres santos por medio de un ritual tántrico. Es la puerta de entrada para practicar el Mantra Secreto.

Liberación. Nirvana menor, estado de libertad personal completa del sufrimiento y sus causas.

Lam Rim. Etapas del camino a la Iluminación. Enseñanzas orales y escritas que describen las diferentes etapas en el sendero a la Iluminación y los métodos para atravesarlas.

Luz Clara. Es de capital importancia en la práctica del tantra y se refiere al nivel más sutil de nuestra mente. Se define como "la mente muy sutil que surge por la fuerza de la mente de *la oscuridad cercana al logro* y que se experimenta una vez esta mente ha cesado". Hay muchos niveles diferentes de Luz Clara, (Luz Clara del Significado, del Ejemplo, Madre, Hija, etc.).

Mahayana. El vehículo mayor para aquellos que buscan la Iluminación completa para beneficio de los demás.

Mantra. Un grupo de sílabas que expresan de manera condensada y simbólica las cualidades esenciales de una deidad.

Meditación. Proceso de familiarización profunda con estados mentales virtuosos.

Meditación analítica. Examen conceptual constante del objeto de meditación. Precede a la meditación de emplazamiento en la que la mente, sin analizar, está enfocada absolutamente y sin distracción sobre el objeto de meditación.

Mérito. Es la buena fortuna que se crea a través del poder de las acciones virtuosas y que tiene el poder potencial de aumentar las buenas cualidades y producir felicidad.

Método y sabiduría. El sendero espiritual hacia la Iluminación tiene dos aspectos: método y sabiduría. Método es la causa principal de que madure nuestro linaje de buda. Las prácticas de la gran compasión, el amor, la bodhichita y las perfecciones de la generosidad, disciplina moral, paciencia, esfuerzo y estabilización mental constituyen las prácticas del método.

La sabiduría es la causa principal de que nuestro linaje de buda se libere de los engaños y sus impresiones. Las prácticas para desarrollar una comprensión correcta de la naturaleza de las dos verdades, convencional y última, constituyen las prácticas de la sabiduría.

Oyente .Uno de los dos tipos de practicante hinayana. Tanto los oyentes como los realizadores solitarios son hinayanistas. Difieren en su comportamiento, motivación, mérito y sabiduría. En todos estos respectos los realizadores solitarios son superiores a los oyentes.

Reino del deseo. Uno de los tres reinos de existencia cíclica mencionados en las escrituras budistas. Es el reino en donde los seres disfrutan los cinco objetos de los sentidos: forma, sonido, olor, tacto y gusto. Hay seis reinos en este reino: dioses, semidioses y humanos constituyen los reinos superiores, y animales, espíritus hambrientos y seres de los infiernos conforman los reinos inferiores.

Reino de la forma. Uno de los tres reinos de la existencia cíclica, más allá del reino del deseo. Los seres allí han renunciado al disfrute de los objetos sensoriales externos, pero aún así todavía tienen apego a la forma interna, es decir, su propio cuerpo y mente.

Reino sin forma. Este reino está incluso más allá del reino del deseo y de la forma. Aquí los seres han renunciado incluso a la forma y existen solo como corriente de consciencia. Aunque temporalmente han abandonado el apego a los placeres de la forma, su mente aún está esclavizada por el deseo y apego sutiles a los estados mentales y ego, por tanto, están dentro del samsara.

Ser de compromiso. Un buda visualizado o uno mismo visualizado como tal. Un ser de compromiso es denominado así porque en general es un compromiso de todo budista visualizar o recordar a Buda, y en particular es un compromiso de aquellos que han recibido una iniciación en el tantra superior el generarse como deidad.

Ser de sabiduría. Un buda real, especialmente el que se invita para unirse con el ser de compromiso visualizado.

Sutra. Enseñanzas de Buda Shakyamuni que están basadas en los tres adiestramientos de ética, concentración y sabiduría y las seis perfecciones.

Tierra pura. Es un medio ambiente puro sin sufrimiento. Hay muchas tierras puras, Sukhavati es la de Amitabha y Thagpa Kacho la de Vajra Yoguini.

Tantra. Mantra Secreto. Las enseñanzas más elevadas del Buda. Nos dirigen rápidamente a la Iluminación. Estas enseñanzas se distinguen de las del sutra porque revelan métodos para adiestrar la mente a llevar el resultado futuro, o Budeidad al sendero presente. *Mantra* indica que es una instrucción especial del Buda para proteger la mente de apariencias y concepciones ordinarias. Para superar las apariencias y concepciones ordinarias los practicantes de Mantra Secreto visualizan su cuerpo, disfrutes y actividades como las de un buda. *Secreto* indica que las prácticas deben hacerse en privado y solo aquellos que han recibido una iniciación tántrica.

Tsong Khapa (1357-1419). Fundador de la escuela guelug. Nació en Amdo, en lo que más tarde sería el monasterio de Kum Bum. Escribió más de doscientos textos, de los cuales, el más estudiado es el Lam Rim Extenso.

Vacuidad. (Skt *Sunyata*). Vacío. La mera ausencia de existencia inherente o intrínseca. La naturaleza última de los fenómenos.

Yidam. La deidad –un aspecto de la mente iluminada– con la que uno establece una relación personal en la práctica tántrica.

Ediciones Amara
Apartado de correos 995
Ciutadella de Menorca 07760
www.edicionesamara.com

Visita nuestra web porque *Ediciones Amara* pone a tu disposición muchas joyas del pensamiento budista tratadas con el mayor rigor por sus autores, ofreciendo en todos sus libros formatos de gran calidad. Recomendamos la recopilación de todas nuestras obras, cuidadas y selectas, pues componen una pequeña enciclopedia del budismo más puro que se va ampliando y enriqueciendo con cada nuevo título.